Der Kunst-Ratgeber
Malen lernen kann jeder

Ute Ludwigsen-Kaiser

Der Kunst-Ratgeber

Malen lernen kann jeder

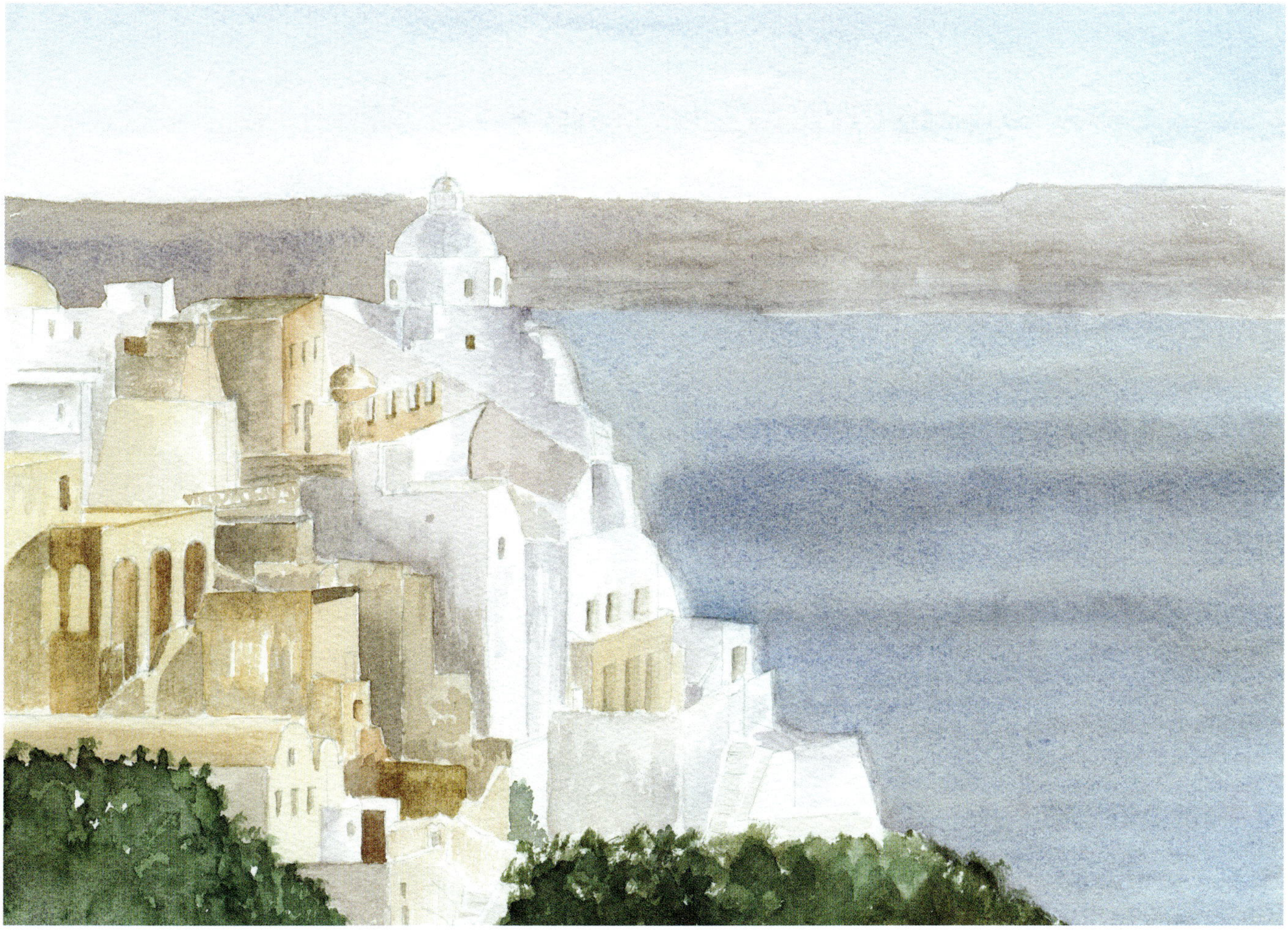

ENGLISCH VERLAG

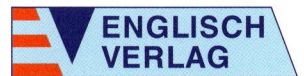

Bibliografische Information der Deutschen Bibliothek
Die Deutsche Bibliothek verzeichnet diese Publikation
in der Deutschen Nationalbibliografie; detaillierte bibliografische
Daten sind im Internet über http://dnb.ddb.de abrufbar.

© by Englisch Verlag GmbH, Wiesbaden 2003
ISBN 3-8241-1219-1
Alle Rechte vorbehalten. Nachdruck, auch auszugsweise, verboten.
Herstellung: Michael Feuerer
Printed in Italy

Ute Ludwigsen-Kaiser war langjährige Dozentin für naturalistisches Zeichnen, Aquarell- und Pastellmalerei an der Volkshochschule. Seit 10 Jahren unterrichtet sie an ihrer privaten Malschule Zeichnen und Malen.

Das Werk und seine Vorlagen sind urheberrechtlich geschützt, jede Verwertung oder gewerbliche Nutzung der Vorlagen und Abbildungen ist verboten und nur mit ausdrücklicher Genehmigung des Verlages gestattet. Dies gilt insbesondere für die Nutzung, Vervielfältigung und Speicherung in elektronischen Systemen und auf CDs. Es ist deshalb nicht erlaubt, Abbildungen und Bildvorlagen dieses Buches zu scannen, in elektronischen Systemen oder auf CDs zu speichern oder innerhalb dieser zu manipulieren.

Die Ratschläge in diesem Buch sind von der Autorin und dem Verlag sorgfältig erwogen und geprüft, dennoch kann eine Garantie nicht übernommen werden. Eine Haftung der Autorin bzw. des Verlages und seiner Beauftragten für Personen-, Sach- und Vermögensschäden ist ausgeschlossen.

Inhaltsverzeichnis

Vorwort 7

Farben und Farbmischungen 8

Am Anfang steht das Motiv 12
Planen Sie Ihre Bilder 12
Kompositionsregeln 13

Das Malen mit Aquarellfarben . . . 15
Kleine Materialkunde 15
Maltechniken 15
Bildbeispiele 18
    Hortensien 18
    Weintrauben 20
    Ein Dorf in Griechenland 22

Das Malen mit Gouachefarben . . . 24
Kleine Materialkunde 24
Maltechniken 24
Bildbeispiele 26
    Stillleben 26
    Sommerblumen 29
    Moderne Architektur 32

Das Malen mit Acrylfarben 34
Kleine Materialkunde 34
Maltechniken 34
Bildbeispiele 36
    Herbstblätter 36
    Stillleben 38
    Gläser 41

Das Malen mit Ölfarben 43
Kleine Materialkunde 43
Maltechniken 43
Bildbeispiele 45
    Kürbisse 45
    Südliche Impressionen 48
    Schmetterling und Blumen 51

Das Malen mit Pastellkreide 54
Kleine Materialkunde 54
Maltechniken 54
Bildbeispiele 56
    Leuchtturm 56
    Frosch 58
    Seerosenteich 60

Vorwort

Haben Sie schöne Erinnerungen an den Malunterricht Ihrer Schulzeit, oder werden diese Erinnerungen getrübt durch trockenen Zeichenunterricht, wo das Ergebnis oft hinter den Erwartungen zurückblieb?

Ich werde immer wieder gefragt, ob es nicht möglich ist, zu malen ohne zeichnen zu können. Natürlich kann man das! Als Anfänger sollte man, wann immer man eine neue Technik ausprobieren möchte oder einfach Lust zum Malen hat, zunächst mit den Farben spielen, mit ihnen experimentieren, um ihre Möglichkeiten, aber auch ihre Grenzen auszuloten.

Es kann dann eine ganze Weile „aus dem Bauch heraus" gemalt werden, aber irgendwann wird dies nicht mehr reichen. Sie werden etwas sehen, das Sie gerne malen möchten. Dies kann eine Landschaft oder ein Stillleben sein, besonders auffällige Lichtverhältnisse oder Stimmungen. Und hierbei möchte ich Ihnen ein wenig helfen.

Sie werden in diesem Buch etwas über Farben lernen und wie man sie bewusst zur Steigerung der Bildwirkung einsetzt. Das Kapitel über Kompositionsregeln gibt Hilfestellung bei der Motivfindung und der Umsetzung des Motivs in ein Bild.

Sie werden die fünf wichtigsten Maltechniken kennen lernen: Gouache, Aquarell, Pastellkreide, Acryl- und Ölfarbe. Jede vorgestellte Maltechnik bildet eine abgeschlossene Einheit. Das heißt, Sie können wählen, ob Sie mit Acryl, Gouache oder Öl beginnen. Ich empfehle Ihnen, wenn Sie noch keine Erfahrung mit der Malerei haben, die einzelnen Kapitel von Anfang bis Ende durchzuarbeiten, da Sie dann den größtmöglichen Lernerfolg haben werden.

Es lässt sich nicht vermeiden, auch etwas über das Zeichnen zu lernen – aber keine Angst, mit Hilfe der „kleinen Zeichenschule", die vielen Motiven vorgeschaltet ist, werden Sie auch diese Hürde nehmen.

Wenn Sie alle fünf Techniken durchgearbeitet haben, werden Sie feststellen, dass sich Ihre malerischen Möglichkeiten erweitert haben. Es wird nicht mehr die allgemeine Frage sein: „Wie macht man das?", sondern: „Welche Technik wende ich an, um das bestmögliche Ergebnis zu erreichen?"

Auf diesem Weg wünsche ich Ihnen viel Erfolg!

Ihre Ute Ludwigsen-Kaiser

Farben und Farbmischungen

> **Sie lernen in diesem Kapitel:**
> ◆ was *Primär-, Sekundär-* und *Komplementärfarben* sind, und wie man dieses Wissen gezielt in einer Bildkomposition einsetzen kann.
> ◆ den Unterschied zwischen *kalten* und *warmen* Farben kennen, und wie man dieses Wissen gezielt für Farbmischungen anwenden kann.
> ◆ wie man „farbige" Grautöne mischt.

Denken Sie, wenn Sie den Begriff **Malen** hören auch sofort an **Farben**?

Mit dem Zeichnen verbindet man einen Stift – beim Malen denkt man jedoch sofort an Pinsel und Farben. Und deshalb beginne ich dieses Buch mit einem Kapitel über **Farben**. Was wäre die Welt ohne Farben? Sie wäre grau und trostlos.

Gehen Sie einmal in der Dämmerung nach draußen. Alles, was tagsüber hell, strahlend und bunt ist, wirkt nun grau und farblos. Farbe macht alles lebendiger. Und gerade für den Maler ist Farbe besonders wichtig. Es ist das Medium, mit dem er sich ausdrückt, mit dem er Stimmungen und Gefühle darstellen kann.

Viele, die mit dem Malen beginnen, meinen, sie müssten sich möglichst viele unterschiedliche Farbtöne anschaffen. So entstehen nur *bunte,* aber keine *farbigen* Bilder. Harmonie wird durch Farben in ein Bild gebracht, die aus nur wenigen Farbtönen gemischt wurden.

Das folgende Beispiel zeigt, dass es sogar möglich ist, aus nur einer Farbe ein ansprechendes Bild zu malen:

Blau in verschiedenen Farbabstufungen ist hier die einzige Farbe. Für die Lichtpartien wurde das Blau mit Weiß aufgehellt, in den Schattenbereichen wurde es mit Schwarz abgedunkelt.

> **Versuchen Sie es selbst!**
> Denken Sie sich eine Komposition mit einfachen Formen aus. Benutzen Sie die Farbe, mit der Sie bisher am liebsten gearbeitet haben, und malen Sie mit nur einer Farbe (gemischt mit Weiß bzw. Schwarz für die unterschiedlichen Farbabstufungen) ein Bild.

Nun haben Sie schon Ihr erstes Bild gemalt und eine Farbe in unterschiedlichen Helligkeitsabstufungen gemischt. Schwieriger wird es, wenn man nicht nur eine Farbe benutzen möchte.

Farben und Farbmischungen

Um Farben gezielt einsetzen zu können, muss man mehr über sie wissen, und da hilft uns die **Farbenlehre**. Nur wenn man weiß, wie sich eine Farbe zusammensetzt und wie sie sich mit anderen Farben verhält, kann man sie für eigene Bilder wirkungsvoll und bewusst verwenden. Erinnern Sie sich, vielleicht aus der Schulzeit, an den **Farbkreis**?
Es gibt drei **Grundfarben**, auch **Primärfarben** genannt, die sich nicht aus anderen Farben mischen lassen: Blau, Rot und Gelb. Die aus diesen Grundfarben gemischten neuen Farben, Violett, Grün und Orange, nennt man **Sekundärfarben**. Auf dem Farbkreis befinden sie sich jeweils zwischen den Primärfarben, aus denen sie gemischt wurden.

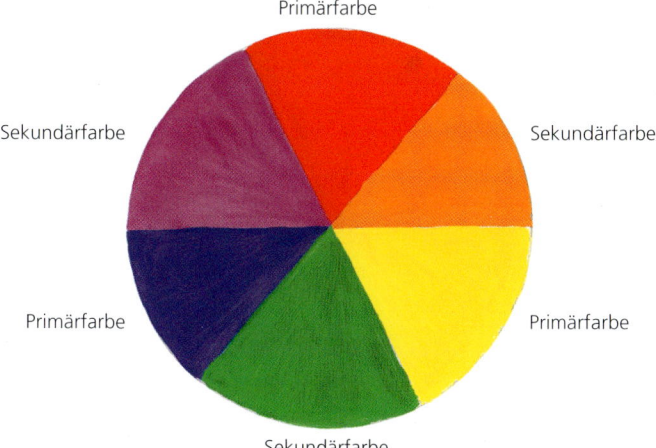

Komplementärfarben nennt man die Farben, die sich auf dem Farbkreis gegenüberliegen:
Rot + Grün; Blau + Orange; Gelb + Violett. Sie bilden den stärkstmöglichen Kontrast zueinander.
Die Wirkung und Intensität einer Farbe ist abhängig von ihrer farblichen Umgebung. Das heißt: Farben beeinflussen sich gegenseitig. Sehen Sie sich die folgenden Beispiele an.

Obwohl das Rot in allen mittleren Quadraten identisch ist, wirkt es völlig unterschiedlich. In einer gelben Umgebung erscheint es viel „roter" als in einer blauen, vom Violett wird es fast „verschluckt".
Seine schwächste Leuchtkraft entwickelt es also, wenn es von den benachbarten Farben des Farbkreises Orange und Violett umschlossen ist. Die optimale Farbwirkung zeigt das letzte Kästchen. Dort ist das Rot von seiner Komplementärfarbe Grün umgeben.

Experimentieren Sie!
Setzen Sie die Farbe Blau in das kleine Quadrat, und probieren Sie sämtliche Farben des Farbkreises aus. In welcher farblichen Umgebung zeigt das Blau seine optimale Wirkung?

Jetzt noch einige Bemerkungen zum Thema **Farbharmonie**: Das bedeutet nichts anderes, als dass die Farben aufeinander abgestimmt sein und zueinander passen sollten. Für die Wirkung eines Bildes ist dies von großer Wichtigkeit. Man könnte es auch so bezeichnen: Harmonierende Farben sind gefällig – Disharmonie tut dem Auge weh. Harmonie entsteht, wenn die Farben in einem Bild alle den gleichen Basiston haben.
Wenn man weiß, wie sich eine Farbe zu anderen Farben verhält, kann man dieses Wissen bewusst in eigenen Kompositionen einsetzen. Zwei Bildbeispiele sollen dies verdeutlichen:

Beide Kompositionen enthalten dieselben rotgelben Bildelemente. Abgesehen von der unterschiedlichen Gestaltung des Hintergrundes wirken die Bilder jedoch völlig anders. Das erste Motiv ist hell und leuchtend; es erinnert an

Farben und Farbmischungen

einen Sommertag. Der grüngelbe Hintergrund bringt das Rot zum Leuchten. Obwohl die Farbzusammenstellung im zweiten Motiv auch harmonisch ist, wirkt es doch wesentlich düsterer.

Das können Sie auch!

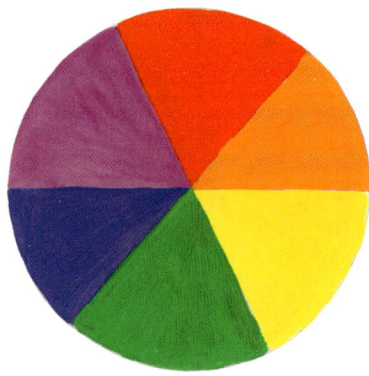

Zeichnen Sie mit Hilfe einfacher geometrischer Formen ein Bild, und gestalten Sie es farbig unter Berücksichtigung des Komplementärkontrastes, das heißt: Verwenden Sie zwei Komplementärfarben.

Auf den bisherigen Seiten haben Sie viel über Farben und ihre wechselseitige Wirkung erfahren.
Jetzt wollen wir uns den **Farbmischungen** zuwenden. Dazu sehen wir uns noch einmal den Farbkreis an:

Je nach ihrer Wirkung können Farben unterschieden werden in „kalte" und „warme" Farben. Auf unseren Farbkreis bezogen liegen die „warmen Farben" auf der rechten Seite (Rot, Orange und Gelb), und die „kalten Farben" befinden sich auf der linken Seite (Violett, Blau und Grün).
Dass diese Zuordnung in der Praxis jedoch nicht ganz so einfach und eindeutig ist, zeigt die folgende Farbtabelle:

Zusammenfassend kann man sagen: Farben, die eine Tendenz zu Blau/Grün zeigen, wirken kühl – farbliche Tendenzen zu Rot/Orange dagegen wirken warm.

Aber was hat das mit dem Mischen von Farben zu tun? Die Antwort ist einfach: Wenn Sie schon einmal versucht haben, ein leuchtendes Orange zu mischen, war das Ergebnis meistens stumpf und wirkte auch ein wenig schmutzig.
Der Grund dafür ist, dass der Handel so gut wie keine wirklich reinen Farben anbietet. Die Rottöne haben oft eine Tendenz zum Gelb oder Blau, die Gelbtöne zum Orange oder Grün, die Blautöne zum Violett oder Grün.

10

Farben und Farbmischungen

Dieses Wissen kann man nutzen. Um ein leuchtendes Orange zu mischen, nimmt man Kadmiumgelb und Kadmiumrot, die schon eine Tendenz zum Orange aufweisen und in der Farbtabelle bei den warmen Farben angesiedelt sind. Das zweite Beispiel zeigt die Mischung eines gebrochenen Orangetons, da sowohl der Gelb- als auch der Rotton eine Tendenz zum Grün bzw. Blau haben und somit den kalten Farben zuzuordnen sind.

Besondere Aufmerksamkeit im Zusammenhang mit Farbmischungen verdient die Farbe **„Grau"**.
Man sollte meinen: Es gibt keine farblosere Farbe als Grau, zumal sie aus einer Mischung aus Schwarz und Weiß am einfachsten herzustellen ist. Dies ist ein weit verbreiteter Irrtum und damit Quelle vieler Fehler.
Ein wichtiger Grundsatz sei an dieser Stelle genannt:
Grautöne mischt man nicht aus Schwarz und Weiß!
Diese Grautöne bleiben immer fade und farblos! Mischen Sie ein **farbiges Grau**, und verwenden Sie dazu eine *Primär-* oder *Sekundärfarbe,* gemischt mit **ihrer** *Komplementärfarbe* und *Weiß*. Das hört sich komplizierter an, als es ist. Sehen Sie sich diese drei Beispiele an. Die Mischungen sind mit Gouachefarben entstanden.

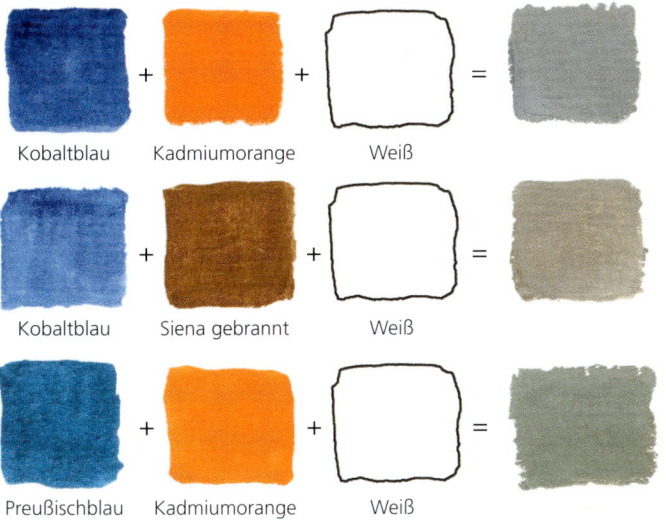

Die Primärfarbe *Blau* wurde zunächst in zwei unterschiedlichen Farbnuancen mit der Komplementärfarbe *Orange* gemischt, anschließend mit einer artverwandten Farbe. Das Ergebnis sind drei verschiedenfarbige Grautöne. Aber es lassen sich noch viel mehr Grautöne aus diesen wenigen Farben mischen.
Zum Schluss sehen Sie noch eine Graumischung, deren Basisfarbe nicht eine Primärfarbe (Blau) ist. Den höchsten Farbanteil hat jetzt die *Sekundärfarbe* Grün, die mit ihrer Komplementärfarbe gemischt wurde. Diese Palette ließe sich noch beliebig erweitern.

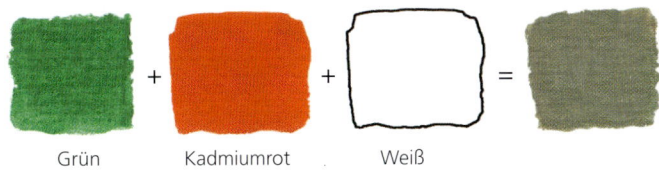

Grün   Kadmiumrot   Weiß

Soweit die Theorie. Vollständig verstehen werden Sie dies erst, wenn Sie selbst fleißig gemischt haben. Mischen Sie „farbige" Grautöne mit den in den Beispielen verwendeten Farben. Sie können das mit Aquarell-, Gouache-, Acryl- oder Ölfarben machen, und vergleichen Sie Ihre Mischergebnisse mit diesen hier!

Am Ende dieses Kapitels über Farben und das Mischen von Farben bleibt festzuhalten: Bevor Sie anfangen zu malen, überlegen Sie, was Sie an diesem Motiv farblich besonders anspricht: Ist es die Wärme und Leuchtkraft der Farben? Oder sind es die starken Hell-Dunkel-Kontraste?
So gibt es unendlich viele Farbnuancen und Zwischentöne – Sicherheit in der Farbauswahl bringt nur die Erfahrung.
Im Laufe der Zeit werden Sie Ihre Lieblingsfarben finden, Farben, auf die Sie immer wieder zurückgreifen, weil Sie mit ihnen gute Mischergebnisse erzielt haben – und das führt vielleicht zu einem eigenen, unverwechselbaren Stil.

Am Anfang steht das Motiv

Mit dem, was Sie auf den ersten fünf Seiten dieses Buches über Farben gelernt haben, können Sie jetzt schon farblich ausgewogene Bilder mit Gefühl nach Ihrer Fantasie malen. Und ich kann Sie dazu nur ermutigen!

Aber wie schon im Vorwort erwähnt: Irgendwann werden Sie etwas sehen, das Sie gerne malen möchten, und Sie wissen nicht, wie das Gesehene umzusetzen ist.

> **In diesem Kapitel lernen Sie:**
> ✦ die wichtigsten Kompositionsregeln kennen.
> ✦ ein Motiv zu finden.

Man muss nicht unbedingt weite Reisen unternehmen, um geeignete Motive zu finden. Selbst in der unmittelbaren Umgebung gibt es viele Dinge, die es wert sind, gemalt zu werden. Benutzen Sie einen Fotoapparat oder ein Skizzenbuch. Sie werden sich wundern, was es alles zu entdecken gibt. Oder arbeiten Sie lieber mit vorgegebenen Motiven, die schon jemand anderes für Sie entdeckt hat? Davon gibt es eine Fülle in Bildbänden, auf Postkarten und in Zeitschriften. Sie haben die freie Auswahl.

Vermeiden Sie allerdings den Fehler, das Bild so genau wie möglich wiedergeben zu wollen. Das wirkt oft steif und künstlich. Versuchen Sie, das Wesentliche zu erfassen und wiederzugeben, und stellen Sie Motivteile um, wenn es der Wirkung dient. Wagen Sie sich auch – wenn Sie etwas Übung haben – daran, aus mehreren Motiven eine eigene Bildkomposition zu erschaffen. Sie werden sehen, mit etwas Übung bekommen Sie schnell einen Blick für das richtige Motiv, und Sie werden anfangen, geeignete Motive zu sammeln. Ein Motiv zu finden, ist also nicht so schwierig – aber das Gesehene in einer ansprechenden Komposition wiederzugeben, stellt viele vor große Probleme und lässt so manch einen auch scheitern.

Was hier fehlt, sind einige Regeln, die die Komposition betreffen und den Blick für das Wesentliche schärfen, denn nur so lassen sich Fehler vermeiden.

Planen Sie Ihre Bilder

Beginnen Sie mit einer Skizze, in der Sie die wichtigsten Bildelemente festlegen. Fertigen Sie mehrere Entwürfe an, in denen Sie mit dem **Bildausschnitt** experimentieren:

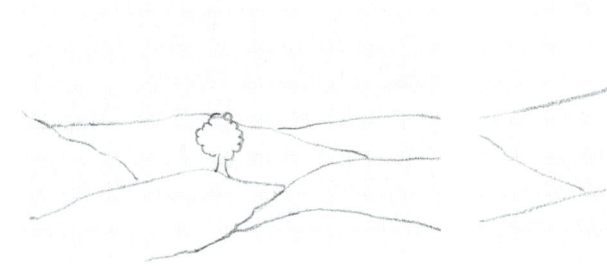

Auch die Entscheidung, ob **Hoch-** oder **Querformat**, verändert ein Motiv:

Beachten Sie auch die **Lichtverhältnisse**, und halten Sie diese in Ihren Skizzen fest. Das erleichtert bei der farblichen Ausarbeitung die Festlegung von Licht und Schatten.

Falsch!

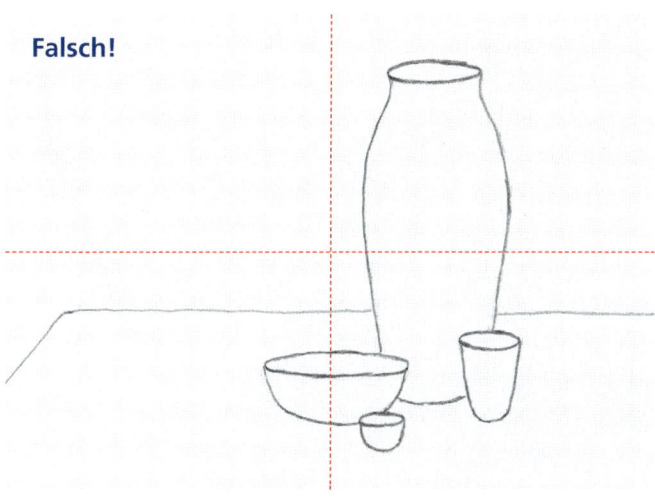

Richtig!

Wenn Sie in der freien Natur arbeiten, sollten Sie auf diesen Skizzen auch die wichtigsten Farben notieren, und zwar schriftlich in Worten.

Kompositionsregeln

Diese Regeln sollen Ihnen Richtlinien für die Bildkomposition an die Hand geben. Die wichtigste **Kompositionsregel** lautet:

1. Das Hauptmotiv darf sich weder auf der horizontalen (waagerechten) noch auf der vertikalen (senkrechten) Mitte des Blattformats befinden!

Anhand eines Stilllebens möchte ich mit Ihnen nun die wichtigsten Kompositionsregeln erarbeiten: Vergleichen Sie die folgenden Bildbeispiele:

Falsch!

2. Ein hohes, schmales Motiv erfordert das Hochformat; für ein breites, flaches Motiv benutzt man das Querformat.

Im ersten Bild befindet sich das Hauptmotiv, eine Ansammlung von Gefäßen, genau auf der vertikalen Mitte. Im zweiten Beispiel ist das Motiv zwar aus der Bildmitte nach rechts verlagert worden, allerdings entstand dadurch viel „toter" Raum auf der linken Seite, sodass sich für dieses Motiv das Hochformat anbietet (siehe Bild 3).

Auf diese Weise entsteht eine ausgewogene Komposition, auch was das Größenverhältnis des Motivs zu dem ihn umgebenden Raum betrifft.

3. Spannung wird durch Gegensätze aufgebaut.
Ziel einer guten Komposition ist außerdem der Aufbau von Spannung:
- in den **Größenverhältnissen** (klein, mittel und groß).
- in der **Linienführung** (senkrecht, waagerecht, diagonal). Beachten Sie die unterschiedliche Gestaltung des Hintergrundes!
- in den **Kontrasten** (von hell bis dunkel).

4. Ein Blickfang, auch Fokus oder Brennpunkt genannt, muss geschaffen werden.
Außer einer gewissen Spannung benötigt ein Bild auch einen **Fokus**, damit das Auge des Betrachters in das Bild hineingeführt und dort festgehalten wird. Das kann ein Weg, ein Fluss, ein Baum sein; das können aber auch Lichtverhältnisse sein, die in das Bild hineinführen, oder wie in unserem letzten Beispiel, ein Gegenstand, der besonders ins Auge fällt, wie die hohe, schlanke Vase.

Es gibt viele Ursachen, warum ein Motiv malerisch erscheint – und genau das, was Sie an diesem Motiv fasziniert hat, müssen Sie in Ihrem Bild festhalten.

Gefällt Ihnen jedoch ein Motiv, das keinen Blickfang bietet, dann erschaffen Sie einen. Sehen Sie sich dieses Landschaftsaquarell an. Das, was im Augenblick des Malens so außergewöhnlich erschien, nämlich die besonderen Lichtverhältnisse, reichen nicht aus, um dieses Bild „interessant" zu machen, wie das Ergebnis zeigt.

Durch das Hinzufügen der beiden Boote und ihrer Spiegelungen im Wasser hat sich der Schwerpunkt des Motivs verlagert. Das Faszinierende der Szene jedoch, die außergewöhnlichen Lichtverhältnisse, bilden jetzt einen wirkungsvollen Hintergrund.

Nach so viel Theorie wird es Zeit, dass wir uns den verschiedenen Maltechniken zuwenden – und die finden Sie auf den nächsten Seiten!

Das Malen mit Aquarellfarben

Obwohl das Malen mit Aquarellfarben zu den schwierigsten Techniken gehört, habe ich es an die erste Stelle dieses Buches gestellt, gleich vor die Gouachefarben. Sie werden schnell feststellen, dass zwischen diesen beiden Maltechniken eine Ähnlichkeit besteht, denn beide arbeiten mit wasserlöslichen Farben. Der große Unterschied jedoch besteht darin, dass mit Aquarellfarben nicht deckend gemalt wird. Charakteristisch für diese Malerei ist der duftige, zarte, trotzdem aber auch kräftig leuchtende Farbauftrag. In der klassischen Aquarellmalerei gibt es kein Weiß. Das einzige Weiß, das dem Maler zur Verfügung steht, ist das Weiß des Papiers. Deshalb müssen Aquarellbilder sorgfältig geplant werden, denn wo einmal Farbe aufgetragen wurde, entsteht niemals wieder reines Weiß.

Kleine Materialkunde

Bei der Grundausstattung für die Aquarellmalerei sollten Sie nicht sparen.
Beginnen wir mit dem **Papier**: Kaufen Sie sich einen Aquarellblock. Hier sind die einzelnen Bögen an allen vier Seiten geleimt. Dadurch kann das Papier keine Falten werfen oder sich zusammenrollen, auch wenn Sie mit sehr nasser Farbe malen. Deshalb sollten Sie die einzelnen Bögen auch nicht aus dem Block heraustrennen, bevor Sie ein Bild fertig gestellt haben. Achten Sie auf ein Mindestgewicht von 200 g/m² – je höher die Grammzahl, desto besser ist die Papierqualität. Für die Motive in diesem Buch eignet sich am besten Papier mit der Bezeichnung „matt".
Genauso wichtig wie die Qualität des Papiers sind gute **Aquarellpinsel**. Es werden viele unterschiedliche Qualitäten angeboten. Grundsätzlich lassen sich Pinsel aus Natur- und Kunsthaar unterscheiden. Pinsel aus Naturhaar können mehr Feuchtigkeit aufnehmen. Dieser Qualitätsunterschied hat seinen Preis. Wenn Sie mit der Aquarellmalerei beginnen, genügt es aber zu den preiswerteren Synthetikpinseln zu greifen. Sie sind durchaus brauchbar und auch in anderen Maltechniken einsetzbar. Sie brauchen kein Sortiment von 10 oder mehr verschiedenen Größen – es genügen zwei Pinselstärken: Nr. 4 für Details und Nr. 8 für großflächiges Arbeiten.
Zum Schluss kommen wir zu den **Aquarellfarben**: Sie werden als Töpfchen oder in Tuben angeboten. Ich empfehle den Kauf eines Leerkastens, in den 24 halbe Näpfchen passen. Der Vorteil eines Leerkastens besteht darin, dass Sie sich im Laufe der Zeit die Farben nach Ihren Bedürfnissen zusammenstellen können. Für die Grundausstattung empfehle ich folgende Farben: Kadmiumgelb hell, Lichter Ocker, Kadmiumrot hell, Karminrot, Ultramarinblau oder Kobaltblau, Echtgrün oliv, Siena gebrannt und Sepiabraun.

Maltechniken

Wie schon im Kapitel über Gouachemalerei geht es nun darum, dass Sie die wichtigsten Maltechniken kennen lernen, um – mit etwas Übung – später selbst entscheiden zu können, welche Technik geeignet ist, um einen ganz bestimmten Effekt zu erreichen.
Wir beginnen mit den beiden Grundtechniken Lasur und Nass-in-Nass-Malerei. Die Beherrschung dieser beiden Techniken zählt zum Grundwissen in der Aquarellmalerei, und deshalb beschreibe ich sie an dieser Stelle sehr ausführlich. Am besten malen Sie gleich mit!
Die **Lasur** ist ein gleichmäßiger, stark verdünnter Farbauftrag, der auf das trockene Papier gemalt wird. Man benutzt sie, um einheitliche, streifenfreie Farbflächen zu erhalten. Bevor Sie anfangen zu malen, benötigen Sie eine ausreichende, mit Wasser verdünnte Farbmenge, da neues Anmischen zu Farbunterschieden führt.

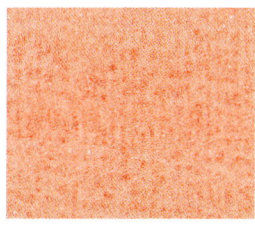

Geben Sie einige Wassertropfen auf das Näpfchen mit der Farbe Ihrer Wahl und lassen die Flüssigkeit einige Zeit einwirken. Legen Sie dann den Pinsel flach auf die Farbe und nehmen mit einer Drehbewegung des Pinsels Farbe auf. Diese wird am Rand eines kleines Glases abgestrichen.

Dann tauchen Sie den Pinsel in das bereitgestellte Wasser, spülen ihn jedoch nicht aus, sondern nehmen nur Wasser auf und streichen auch dieses mit der restlichen, im Pinsel verbliebenen Farbe am Glasrand ab. Diesen Vorgang wiederholen Sie – mal Farbe, mal Wasser –, bis Sie eine ausreichende Farbmenge hergestellt haben. Zwischendurch überprüfen Sie, ob die Farbe zu viel oder zu wenig Wasser enthält. Machen Sie dazu Probestriche auf einem separaten weißen Blatt Papier.

Wenn Sie nun beginnen, die Lasur aufzutragen, heben Sie den Aquarellblock mit einer Hand an. Benutzen Sie einen dickeren Pinsel (z. B. Nr. 8). Tauchen Sie ihn in die Farblösung, wobei Sie ihn nicht am Glasrand abstreichen.

Dann ziehen Sie ihn am oberen Bildrand von links nach rechts mit ruhigen waagerechten Pinselstrichen über das Papier. Dort, wo das Papier noch trocken ist, sammelt sich durch die Schrägstellung des Blockes die flüssige Farbe. Genau an dieser Stelle muss der Pinsel für jeden neuen Farbauftrag wieder angesetzt werden. Er zieht die flüssige Farbe mit nach unten, und es entsteht ein gleichmäßiger Farbauftrag. Wenn man mehrere Lasuren übereinander malen möchte, muss der vorangegangene Farbauftrag vollständig getrocknet sein, bevor eine neue Farbschicht aufgetragen werden kann.

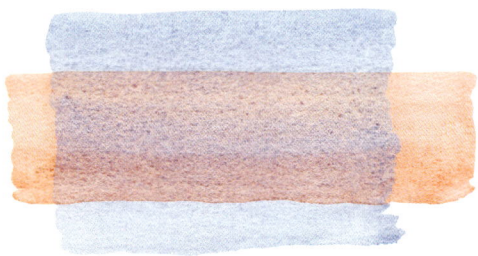

Will man den Übergang von einer Lasur zum weißen Papier fließend, d. h. ohne harte Kante, gestalten, nimmt man immer mehr Wasser statt Farbe mit dem Pinsel auf und verzieht das Wasser statt der Farbe bis zum Blattende.

Mit einem sauberen Pinsel und klarem Wasser lassen sich so auch harte Farbübergänge anlösen, um fließende Übergänge vom

Farbstrich zum Papier zu malen. Erinnern Sie sich an das Bildbeispiel von Seite 14? Es ist ein Aquarellbild. Die weichen, fließenden Farbübergänge sind mit dieser Technik entstanden.

Bei der **Nass-in-Nass-Technik** arbeitet man mit nasser Farbe auf nassem Papier. Die beiden folgenden Bildbeispiele verdeutlichen den Unterschied zwischen dem Auftragen von nasser Farbe auf trockenem Papier und der Nass-in-Nass-Technik:

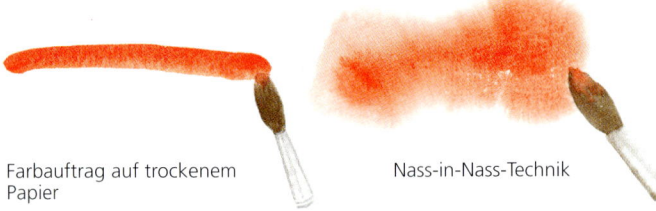

Farbauftrag auf trockenem Papier　　　Nass-in-Nass-Technik

Der Vorteil dieser Technik liegt in der Spontaneität und im großflächigen, zügigen Arbeiten, das vielen Aquarellen den besonderen Reiz verleiht und sie so typisch locker und leicht aussehen lässt.

Aber gerade darin liegt auch die besondere Schwierigkeit dieser Technik. Vieles bleibt dem Zufall überlassen, denn es ist nicht möglich, den Verlauf einer oder mehrerer Farben vollständig vorauszuplanen. Die Farbe verläuft immer dorthin, wo das Papier feucht ist. Es darf jedoch auch nicht zu nass sein. Die besten Ergebnisse erzielt man auf feuchtem Papier, das gerade seinen Glanz verloren hat – aber diesen Zeitpunkt zu treffen, setzt Erfahrung voraus.

Außerdem darf die aufgetragene Farbe nicht zu wässrig sein, da Aquarellfarbe die Eigenschaft hat, während des Trocknens heller zu werden. Durch das feuchte Papier wird sie noch zusätzlich verdünnt, weshalb man ruhig mit kräftigeren Farbmischungen arbeiten sollte. Haben Sie nicht Lust, an dieser Stelle mit Ihren Farben zu „spielen"?

Das können Sie auch!

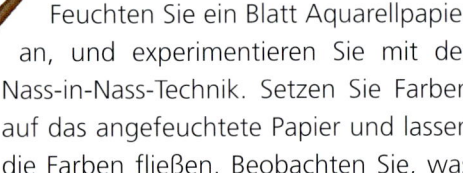

Feuchten Sie ein Blatt Aquarellpapier an, und experimentieren Sie mit der Nass-in-Nass-Technik. Setzen Sie Farben auf das angefeuchtete Papier und lassen die Farben fließen. Beobachten Sie, was passiert, wenn Sie Farben neben- und übereinander setzen.

Maltechniken

In der Aquarellmalerei gibt es aber noch viele **andere Techniken**. Nur einige können hier kurz vorgestellt werden. Diese Struktur entsteht, wenn Sie auf trockenem Papier mit kurzen, schwungvollen Pinselstrichen malen. Arbeiten Sie vom Hellen ins Dunkle, das heißt: Benutzen Sie zuerst die hellste Farbe und zum Schluss die dunkelste.

Hier sehen Sie dieselbe Struktur, jedoch wurde nach dem Trocknen der Farbe mit einem scharfen Messer wieder Farbe herausgekratzt. Dies ist eine Möglichkeit, nachträglich Lichteffekte in ein Bild zu arbeiten. Diese Technik sollte jedoch sparsam eingesetzt werden, da die Bildoberfläche in jedem Fall verletzt wird.

Eine andere Möglichkeit, Farbe wieder zu entfernen, sehen Sie auf den folgenden beiden Bildbeispielen: Mit der Pinselspitze eines sauber ausgewaschenen Pinsels werden die Farbpigmente zunächst angelöst und dann abgehoben. Man kann diese Farbpigmente auch vorsichtig mit einem saugfähigen Tuch auftupfen.

Zum Abschluss zeige ich Ihnen in jeweils drei Arbeitsschritten, wie man mit Hilfe einer speziellen Abdeckflüssigkeit („Rubbelkrepp") weißes Papier aussparen kann, ohne jedoch beim Malen darauf Rücksicht nehmen zu müssen.

Rubbelkrepp ist eine weiße, zähflüssige Masse, die vor dem Farbauftrag mit einem Pinsel auf die Bereiche des Papiers aufgetragen wird, die weiß bleiben sollen. Nachdem diese Masse getrocknet ist, kann sie mit Farbe übermalt werden. Nachdem die darüber gemalte Farbe getrocknet ist, wird das Rubbelkrepp durch vorsichtiges Reiben mit dem Finger wieder entfernt. Zum Vorschein kommt das klare Weiß des Papiers.

Zum Schluss werden die harten Farbränder, die durch das Trocknen der Farbe entstanden sind, mit einem Pinsel angelöst. Dies schafft einen weichen Farbübergang und verbindet die ausgesparten Bereiche mit dem farblichen Untergrund.

Haben Sie Lust bekommen, so viele Techniken wie möglich in einem Bild auszuprobieren? Dann sehen Sie sich meinen Vorschlag an. Die Bildkomposition kennen Sie bereits aus der Farbenlehre.

Für den Hintergrund habe ich eine gelbe Lasur gewählt; die weichen Farbverläufe in den geometrischen Formen wurden feucht ineinander gemalt. Für die Glanzlichter auf den Kugeln muss das Papierweiß stehen bleiben.

Sind Sie neugierig geworden auf diese Maltechnik?
Dann kann ich Ihnen nur empfehlen, die folgenden Motive nachzuarbeiten. Denn nun geht es darum, die theoretischen Kenntnisse in die Praxis umzusetzen.

Bildbeispiele
Hortensien

Dieses kräftig leuchtende Blumenbild wird mit nasser Farbe auf nassem Papier gemalt. Ich möchte Ihnen zeigen, dass es auch mit dieser Maltechnik möglich ist, Kontrolle über die Farben zu behalten.

Sie lernen:
- wie Blumen und Blätter in der Nass-in-Nass-Technik entstehen.

Maltechnik:
- Nass-in-Nass-Technik
- Lasur

Sie brauchen folgendes Material:
- Aquarellpapier, 240 g/m²
- Bleistift HB
- saugfähiges Tuch
- Aquarellfarben in Kadmiumgelb hell, Karminrot, Kobaltblau und Echtgrün oliv

Das Blatt liegt im Querformat. Für solch ein Motiv ist eigentlich keine Vorzeichnung notwendig. Aber gerade für den Anfänger können einige Orientierungslinien durchaus hilfreich sein. Die Verteilung der großen Blüten auf dem Blatt gelingt am besten, wenn man sie auf ihre einfachste geometrische Form, nämlich den Halbkreis, reduziert. Je weiter sich die Blüten vom unteren Bildrand entfernen, desto kleiner werden sie. Dies nennt man perspektivische Verkürzung. Die Blätter zwischen den Blüten werden mit einfachen Linien angedeutet.

Dieses Bild wird in der Nass-in-Nass-Technik gemalt; das heißt, Sie malen mit nasser Farbe auf feuchtem Papier.

Beginnen Sie mit einer Blüte und feuchten mit einem Pinsel Nr. 8 den Halbkreis an. Anschließend tupfen Sie Karminrot auf die angefeuchtete Fläche.
Da der Pinsel am Anfang die meiste Farbe aufgenommen hat, beginnen Sie am besten an den dunkelsten Stellen der Blüte, also am äußeren oder unteren Rand. Da die Farbe nur dahin fließt, wo mit dem Pinsel Feuchtigkeit aufgetragen wurde, kommt sie am äußeren Rand der Blüte zum Stillstand und fließt nicht unkontrolliert in das Bild.

Dieser erste Farbauftrag muss unbedingt gut trocknen, damit er sich nicht mit den darauf folgenden Farben vermischen kann!
Die grünen Blätter werden dann mit einer Mischung aus Echtgrün oliv und Karminrot ebenfalls nass-in-nass gemalt.

Feuchten Sie jeweils immer nur ein Blatt an und tupfen dann die Grünmischung auf. An den Rändern geben Sie zusätzlich etwas Kadmiumgelb hinzu. Nun lassen Sie alles trocknen. Bevor Sie mit Dunkelgrün die Schatten noch einmal verstärken, feuchten Sie diesen Teil des Blattes noch einmal vorsichtig mit Wasser an.

Hortensien

Da sich die Hortensie aus vielen kleinen Einzelblüten zusammensetzt, müssen einige Bereiche stärker strukturiert werden. Das bedeutet aber nicht, dass Sie jede einzelne kleine Blüte malen sollen. Die Andeutung genügt völlig, wie Sie in den Vergrößerungen sehen können. Ich zeige Ihnen eine Blüte, wie sie vorher aussah, und dann im Vergleich, nachdem sie überarbeitet wurde:

vorher   *nachher*

Feuchten Sie die Blüten teilweise wieder an und tupfen noch einmal Karminrot auf die entsprechenden Bereiche. Sie brauchen jetzt etwas Fingerspitzengefühl, denn wenn Sie zuviel der Farbfläche des ersten Schrittes übermalen, geht das Typische dieses Aquarellbildes verloren: seine Duftigkeit und Leichtigkeit.

So sollte Ihr Bild jetzt aussehen!

Für die Räume zwischen den Blüten und den Blättern wird in die Grünmischung der Blätter etwas Kobaltblau hinzugegeben. Dadurch entsteht ein noch dunklerer Grünton. Diesen können Sie auf das trockene Papier auftragen.

nass-in-nass

Der verwaschene, fließende Farbübergang zum oberen und linken Bildrand entsteht mit der Grünmischung der Blätter wieder nass-in-nass. Hier ist es wichtig, dass Sie die Farbe nach außen fließen lassen und nicht mit dem Pinsel hineinarbeiten. Das nasse Papier verdünnt die Farbmischung zusätzlich, und nur so entsteht der weiche, fleckige Farbauftrag.

Zum Schluss malen Sie mit stark verdünntem Kobaltblau die Schatten innerhalb der Blüten und arbeiten mit Dunkelgrün einige der feinen Blattadern in die grünen Blätter hinein.

Kobaltblau

Weintrauben

Sie lernen:
- wie durch schichtweisen Aufbau Licht und Schatten und damit Plastizität entsteht.
- wie man das Hilfsmittel Rubbelkrepp einsetzen kann.
- wie man einen Hintergrund malt, in dem Schärfe und Unschärfe vorkommen.

Maltechnik:
- Aussparungstechnik mit Rubbelkrepp
- Lasur
- Nass-in-Nass-Technik

Sie brauchen folgendes Material:
- Aquarellpapier, matt, 240 g/m²
- Bleistift HB
- Rubbelkrepp
- Aquarellfarben in Kadmiumgelb hell, Lichter Ocker, Krapplack dunkel, Indigoblau, Echtgrün oliv, Siena gebrannt und Sepiabraun

Das Blatt liegt im Hochformat. Zunächst wird eine Vorzeichnung angefertigt. Eine Weintraubendolde hat die Form eines Dreiecks. In diese geometrische Form zeichnen

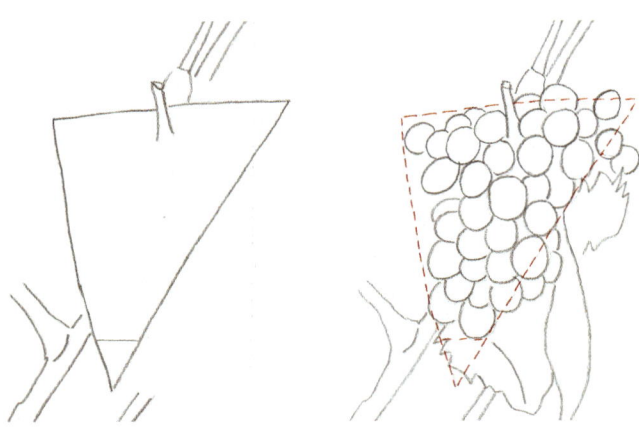

Sie anschließend die einzelnen Trauben. Erst dann skizzieren Sie mit einfachen Linien die Äste und wichtigsten Blätter. Bevor Sie anfangen, mit Farbe zu arbeiten, werden die Glanzlichter der Trauben mit einem Tropfen Rubbelkrepp abgedeckt. Nehmen Sie dazu einen alten Pinsel, oder benutzen Sie die Spitze des Pinselstiels. Das Rubbelkrepp muss völlig trocken sein, bevor Sie die Trauben mit Krapp-

lack dunkel tönen. Wenn zwei Trauben aneinander stoßen, muss zunächst der Farbauftrag der ersten Traube getrocknet sein, bevor Sie den nächsten malen, sonst fließen die Farben unkontrolliert ineinander.

Wenn der erste Farbauftrag getrocknet ist, nehmen Sie stark verdünntes Lichter Ocker und setzen diese Lasur stellenweise über die rote Farbe.

Die weitere Entwicklung der Weintrauben sehen Sie in den obigen drei Bildausschnitten: Die dunklen Schatten werden mit einer Lasur aus Indigoblau gemalt. Eventuell müssen zwei oder drei Lasuren übereinander gelegt werden, bis Sie den gewünschten dunklen Ton erhalten. Nachdem Sie durch leichtes Reiben mit dem Finger das Rubbelkrepp entfernt haben, lösen Sie mit der Pinselspitze und klarem Wasser die harten Farbränder an, sodass ein weicherer Farbübergang entsteht. Mit einer dunkleren Farblösung aus Indigoblau mit weniger Wasser werden die Zwischenräume gemalt. Dadurch erhält die Dolde mehr Tiefe.

Weintrauben

Nun wenden wir uns dem Teil des Hintergrundes zu, der harte Kanten aufweisen darf: Das sind die Zweige und die Blätter rechts neben der Dolde. Die Zweige entstehen in der Nass-in-Nass-Technik. Auf das angefeuchtete Papier geben Sie zuerst Siena gebrannt. Im unteren Teil benutzen Sie zusätzlich Kadmiumgelb und Krapplack, im oberen Teil Lichter Ocker und Sepiabraun.
Für die Blätter brauchen Sie verschiedene Grünmischungen.

Auch für den verschwommenen Teil des Hintergrundes brauchen Sie verschiedene Grüntöne. Greifen Sie auch hier auf die zuvor gemischten Farben zurück. Für ganz dunkle Bildbereiche geben Sie zusätzlich etwas Indigoblau hinzu. Da wir nun weiche, verschwommene Farbübergänge malen müssen, bietet sich wieder die Nass-in-Nass-Technik an. Feuchten Sie jedoch nicht den gesamten Hintergrund an, sondern immer nur einen begrenzten Teil.
Beginnen Sie am oberen linken Bildrand mit einem Haarpinsel Nr. 8 und dem hellen Grünton, und arbeiten Sie sich nach unten vor. Die Farbverteilung können Sie dem Bildbeispiel entnehmen.

Das Malen mit Aquarellfarben

Ein Dorf in Griechenland

Unser letztes Motiv im Bereich Aquarellfarben entführt uns ins sonnige Griechenland. Es ist ein gutes Beispiel dafür, wie wichtig die Vorausplanung für ein Bild ist. Denn alle weißen Hauswände müssen schon im Voraus festgelegt werden.

> **Sie lernen:**
> ✦ wie mit Hilfe der Lasur ein gleichmäßiger Farbverlauf für den Hintergrund entsteht.
> ✦ wie man das Weiß des Papiers durch Aussparung bewusst zur Bildgestaltung einsetzt.
>
> **Maltechnik:**
> ✦ Lasur
> ✦ Trocken-an-Nass-Technik

> **Sie brauchen folgendes Material:**
> ✦ Aquarellpapier, 200 g/m², matt
> ✦ Bleistift HB
> ✦ Aquarellpinsel Nr. 8 und Nr. 4
> ✦ Aquarellfarben in Siena natur, Siena gebrannt, Kobaltblau, Echtgrün oliv, Kadmiumrot und Sepiabraun

Das Blatt liegt im Querformat vor Ihnen. Zunächst wird wieder eine Vorzeichnung angefertigt. Sie sieht komplizierter aus, als sie ist. Als Orientierungshilfe für die Komposition können Sie es mit einem Raster versuchen. Unterteilen Sie Ihr Blatt mit drei waagerechten und drei senkrechten Linien in gleich große Kästchen. Nun können Sie den Inhalt jedes Kästchens übertragen. Am besten ziehen Sie zuerst die Linie, auf die der Pfeil zeigt.

Beginnen Sie mit einer Lasur aus Kobaltblau für den Himmel. Zu den Bergen hin wird mit dem Pinsel immer mehr Wasser aufgenommen.

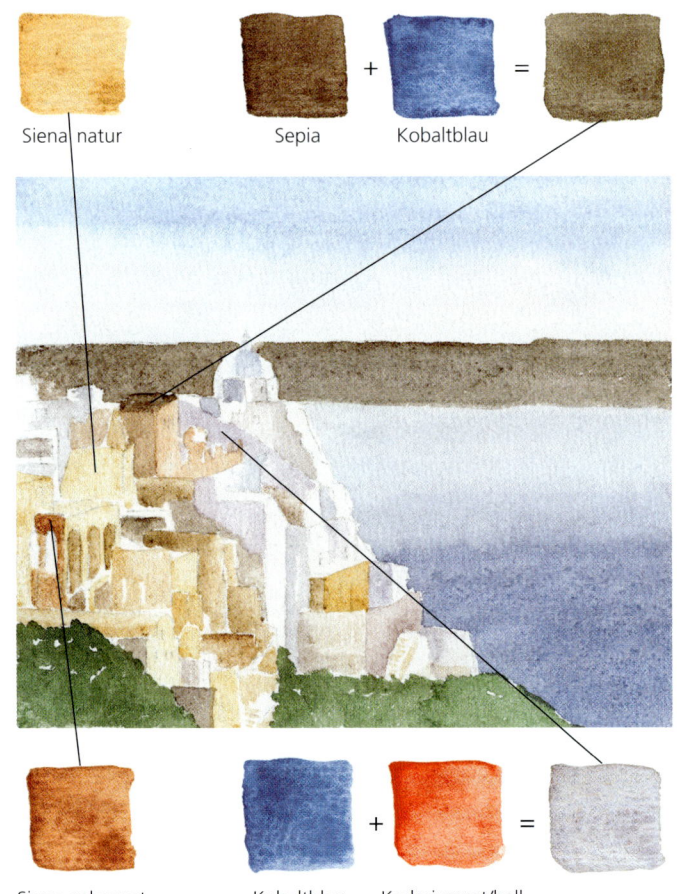

22

Ein Dorf in Griechenland

Dann wird das Blatt gedreht und das Wasser mit einer Lasur aus Kobaltblau und etwas Sepia abgetönt. Je näher man den Bergen kommt, desto heller wird der Farbauftrag. Nachdem beide Lasuren getrocknet sind, färben Sie die Berge mit einer Mischung aus Sepiabraun und Kobaltblau. Da diese Mischung kräftiger ausfallen muss, mischen Sie weniger Wasser in die Farbe. Für die Häuser verwenden Sie die gezeigten Farben und Farbmischungen. Die Büsche werden mit Echtgrün oliv abgetönt.

Im letzten Schritt arbeiten Sie die Schatten an den Häusern mit einer Mischung aus Kobaltblau und Sepia aus. Die kleinen Fenster werden ebenfalls mit dieser Mischung angedeutet. Zur Verdeutlichung zeige ich Ihnen drei vergrößerte Bildausschnitte:

Das Malen mit Gouachefarben

Das Malen mit Gouachefarben wird zu Unrecht oft unterschätzt. Dies wird besonders deutlich, wenn man sich ansieht, welche vielfältigen Techniken möglich sind: kräftig, deckendes Malen, aber auch transparente Lasuren, selbst nass-in-nass kann gemalt werden.

Obwohl Gouachefarben schnell trocknen, können sie immer wieder mit Wasser angelöst werden. Das bedeutet, dass man Fehler übermalen und Bildteile nachträglich verändern kann. Dies ist ein nicht zu unterschätzender Vorteil.

Kleine Materialkunde

Vom Handel werden die dickflüssigen Gouachefarben in Tuben, Näpfchen oder in Gläsern angeboten.
Wenn Sie sich Gouachefarben anschaffen möchten, empfehle ich **Tubenfarben**. Diese trocknen zwar schneller aus, nachdem sie einmal angebrochen sind, aber damit haben Sie die Möglichkeit, alle in diesem Buch vorgestellten Techniken nachzuarbeiten. Außerdem lassen sich auf der Palette angetrocknete Farben leicht mit Wasser wieder anlösen.
Als **Malgrund** eignen sich alle dickeren Papiersorten, die sich beim Malen nicht wellen. Ich empfehle Aquarellpapier, dessen Oberflächenstruktur matt, glatt oder rau sein darf. Sie können jedoch auch auf farbigem Papier wie Ton- oder Kartonpapier arbeiten.
Wenn Sie mit stark verdünnter Farbe malen, sollte das Papier aufgespannt werden. Das heißt, dass alle vier Seiten mit Kreppband auf einer Unterlage festgeklebt werden. So kann sich das Papier beim Trocknen nicht wellen.
Die Frage, welche **Pinsel** man benutzen sollte, ist schnell beantwortet: Runde und flache Aquarellpinsel sind geeignet, aber auch Borstenpinsel und Malspachtel, mit denen man die Farben dick auftragen und Strukturen herausarbeiten kann.

Maltechniken

Auf den folgenden Seiten werde ich Ihnen Maltechniken vorstellen, die Sie mit Gouachefarben umsetzen können. Wenn Sie Lust haben, arbeiten Sie diese Techniken auf einem Übungsblatt nach.
Wir beginnen mit **deckenden Farbaufträgen:**
Bevor Sie anfangen zu malen, verdünnen Sie die Farben mit Wasser zu einem dickflüssigen Farbbrei. Mit einem flachen Haarpinsel Nr. 6 oder 8 tragen Sie die Farbe mit gleichmäßigen Pinselstrichen auf.

Wie einfach sich helle Farbe über dunkle Farbe malen lässt, sehen Sie am folgenden Beispiel. Der erste Farbauftrag muss jedoch trocken sein, bevor Sie den zweiten darüber setzen, damit sich die Farben nicht vermischen.

In diesem Beispiel sehen Sie, was passiert, wenn die Farben nicht getrocknet sind. Sie mischen sich. Man kann diesen Effekt bewusst einsetzen, um einen weichen Übergang von Blau zu Weiß zu erhalten.

Nun kommen wir zu den **nicht deckenden Farbaufträgen:**
Diese Farbaufträge erinnern sehr an die Aquarellmalerei: Wenn Sie die Farbe sehr stark mit Wasser verdünnen, erhalten Sie die Farblösung für eine **Lasur**. Diese Farbflüssigkeit tragen Sie mit einem runden oder flachen Haarpinsel mit gleichmäßigen Bewegungen auf. Die Farbe muss so stark

Maltechniken

verwässert sein, dass das Papier hindurchschimmert.
Mit Lasuren kann man Hintergründe gestalten; sie können aber auch über getrocknete Farbschichten gelegt werden, wie das nebenstehende Beispiel zeigt.

Auch **Nass-in-Nass-Techniken** sind möglich: Malen Sie in eine noch nicht getrocknete Farbfläche eine andere Farbe hinein.

Ganz andere Farbflächen bekommen Sie, wenn Sie mit einem Borstenpinsel Farbe auftragen und bei der Papierwahl auf eine leichte Körnung achten.

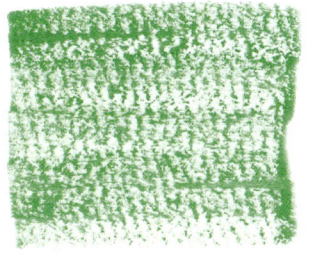 

Außer Haar- und Borstenpinseln stehen Ihnen auch noch andere Materialien als Malgeräte zur Verfügung: Interessante Strukturen entstehen z.B., wenn man zerknittertes Papier oder einen Schwamm wie einen Stempel benutzt. Im dritten Bildbeispiel wurde dagegen Farbe mit einem Schwamm entfernt.

Mit zerknittertem Papier gestempelte Farbe | Mit einem Schwamm gestempelte Farbe | Mit einem Schwamm wieder abgenommene Farbe

Spritzen mit dem Borstenpinsel kann ebenfalls zu sehr interessanten Ergebnissen führen: Nehmen Sie verdünnte Farbe mit dem Pinsel auf, und halten Sie ihn senkrecht über das Papier. Dann ziehen Sie

die Borsten mit dem Finger zurück. Wenn Sie diese wieder loslassen, spritzt die Farbe auf das Papier.

Gouachefarben lassen sich auch sehr eindrucksvoll mit dem **Malspachtel** verarbeiten. Dabei wird die Farbe direkt aus der Tube auf die Unterseite des Spachtels aufgetragen. Mit der breiten Fläche verstreicht man die Farbe. Die weißen Strukturen entstehen durch Tupfen und Streichen mit der Spachtelspitze in der noch feuchten Farbe. Es gibt noch viel mehr Möglichkeiten – probieren Sie es aus!

Nach so viel Theorie möchte ich Sie jetzt wieder ermuntern, selber tätig zu werden.
Diese Komposition kennen Sie schon. Ich habe hier bewusst dieselben Farben benutzt wie beim Malen mit Aquarellfarben, damit Sie einen direkten Vergleich zwischen diesen beiden Techniken haben.
Die Glanzlichter auf den Kugeln wurden mit Weiß auf die trockene Farbschicht gemalt. Mit dem Spachtel entstanden die blauen Strukturen im Vordergrund und zum Schluss wurde mit dem Borstenpinsel blaue und rote Farbe aufgespritzt.

Übung: Setzen Sie einfache geometrische Formen zu einem Bild zusammen, und verwenden Sie für seine farbliche Gestaltung möglichst viele Maltechniken.

Das Malen mit Gouachefarben

Bildbeispiele
Stillleben

Sie lernen:
- wie man unter Berücksichtigung von Licht und Schatten Gegenstände plastisch malt.
- aus welchen Farben Schatten gemischt werden.
- wie der Komplementärkontrast für die farbliche Gestaltung einer Komposition eingesetzt werden kann.

Maltechniken:
- Lasur
- deckendes Malen
- Farben feucht ineinander malen

Sie brauchen folgendes Material:
- Aquarellpapier, matt, 200 g/m²
- runder Haarpinsel Nr. 6 oder 8
- Borstenpinsel Nr. 6
- Bleistift HB
- Gouachefarben in Weiß, Ultramarinblau dunkel, Zitronengelb und Rotorange

Das Blatt liegt im Querformat. Wir beginnen mit der Vorzeichnung.

Jeder Gegenstand wird zunächst auf seine einfachste geometrische Form reduziert. Dadurch legen Sie die Größe der einzelnen Gegenstände fest. Außerdem lässt sich die Verteilung der Objekte auf dem Blattformat zu einer harmonischen Komposition leichter überprüfen.

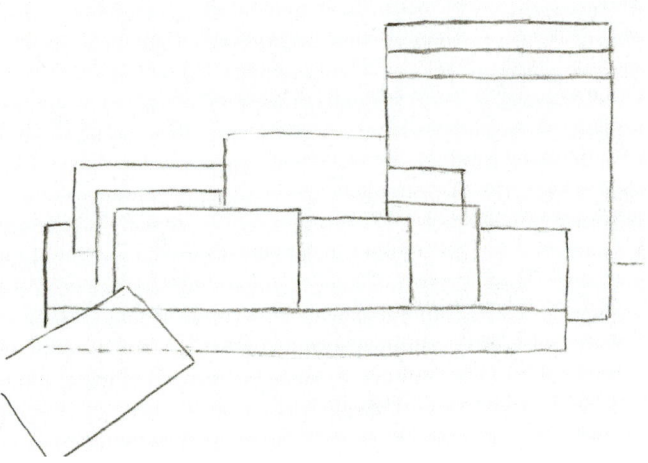

In diese geometrischen Formen zeichnen Sie die Früchte, den Teller und den Topf.

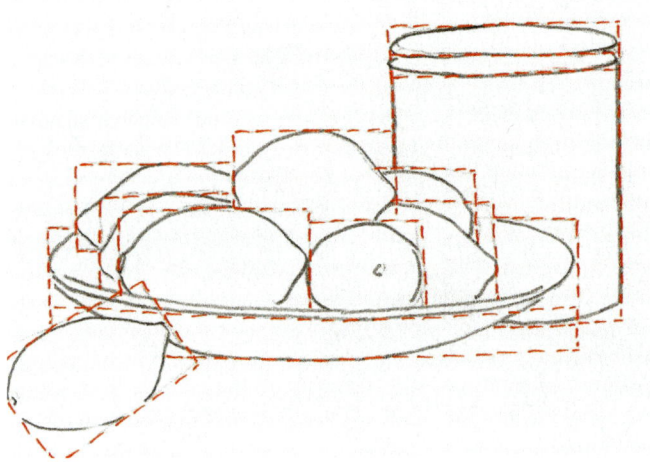

So sieht Ihre Vorzeichnung aus, nachdem Sie die Hilfslinien ausradiert haben.

Nach der Vorzeichnung arbeiten Sie mit deckenden Farbaufträgen. Verwenden Sie den Haarpinsel und grundieren die Früchte in Zitronengelb. Die Farbe des Topfes entsteht aus einer Mischung aus Rotorange und Ultramarinblau.

Wenn Sie etwas von dieser braunen Mischung in das Ultramarinblau geben, färbt es sich dunkler. Mit dieser Farbe

Stillleben

malen Sie das Innere des Tellers. Für die Unterseite des Tellers mischen Sie Weiß und etwas Ultramarinblau.

Mit einer wässrigen Mischung (Lasur) aus Blau und Orange entstehen die dunkelsten Schatten an den Zitronen.

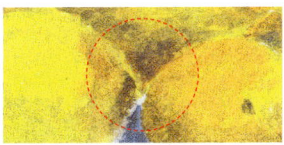

Hellen Sie nun die rechte Seite des Topfes mit Weiß auf, so wie Sie es auf dem Bildbeispiel sehen. Das Weiß vermischt sich auf dem Papier mit der dunkelbraunen Farbe, und es entstehen Licht und Schatten, ohne jedoch störende harte Ränder entstehen zu lassen. Die Zitronen werden teilweise mit einer Lasur aus Rotorange getönt.

Das Hauptmotiv ist fertig, und nun wenden wir uns dem Hintergrund zu: Die räumliche Aufteilung ist kein Problem. Da das Stillleben sehr viel Platz auf dem Blatt einnimmt, genügt eine angedeutete waagerechte Linie für den Tisch. Aber was ist mit der farblichen Gestaltung? Hier können einige Farbskizzen weiterhelfen. Sie sind schnell gemalt und beantworten viele Fragen:

Lasur

Rot ist sehr dominant. Der Blick wird vom Hauptmotiv immer wieder zum Hintergrund abgelenkt.

Die Henkel des Topfes zeige ich Ihnen noch einmal in der Vergrößerung. Sie entstehen durch den Einsatz von Weiß.

Ocker ist farbverwandt mit Gelb. Auch hier kommen die Zitronen nicht zur Geltung.

Grau ist langweilig und farblos.

Das Malen mit Gouachefarben

Nun sehen Sie sich diese Farbskizze an. Hier habe ich die Komplementärfarbe zu Orange, nämlich Blau, gewählt. Sie bringt die frische Farbe der Zitronen zur Geltung. Für die Tischplatte wurde dann noch Blau, Orange und Weiß zu Grau gemischt – und schon ist eine farblich ausgewogene Komposition entstanden!

Für die Gestaltung des Hintergrundes verwenden Sie dasselbe Blau, das Sie schon für den Topf und den Teller benutzt haben, nämlich Ultramarinblau dunkel. Tragen Sie es mit dem Borstenpinsel in senkrechten, kurzen Strichen auf. Im oberen Teil mischen Sie auf dem Papier in die feuchte blaue Farbe etwas Weiß. Im unteren Teil wird das Blau mit etwas Orange dunkler getönt.

Die Tischplatte wird mit der oben genannten Farbmischung mit waagerechter Strichführung angelegt.

Zum Schluss wenden Sie sich noch einmal den Zitronen zu und tupfen, wieder mit dem Borstenpinsel, reines Weiß für die hellsten Lichter auf.

Sommerblumen

Sie lernen:
- wie durch Unschärfe perspektivische Tiefe in einem Bild entsteht.
- wie unterschiedlich strukturierte Oberflächen gestaltet werden.

Maltechniken:
- deckendes Malen
- Lasur
- Tupftechnik

Sie brauchen folgendes Material:
- Universalmalpapier oder Aquarellpapier, matt, 200 g/m²
- Bleistift
- Haarpinsel, rund, Nr. 4 und Nr. 8
- Borstenpinsel Nr. 6 oder 8
- Gouachefarben in Weiß, Kadmiumgelb hell, Kadmiumrot hell, Karminrot, Ultramarinblau dunkel, Hookersgrün und Rotbraun (Siena gebrannt)

Im ersten Bildbeispiel finden Sie gleich mehrere Schritte: Nehmen Sie einen Haarpinsel und malen zunächst die Blütenmitte gelb. Nach dem Trocknen der gelben Farbe tönen Sie bei einigen der Blüten die Mitte zusätzlich mit Violett. Diese Farbe wird aus Karminrot und Ultramarinblau gemischt.

Die Blütenblätter werden zuerst mit Kadmiumrot und dann erst mit Kadmiumgelb gemalt.
Die Schatten in den Blütenblättern werden mit einem Borstenpinsel und Karminrot gemalt. Setzen Sie den Pinsel an

Das Blatt liegt im Hochformat, und auch hier wird zunächst wieder eine Vorzeichnung angefertigt.

Wie schon im ersten Bild, legen Sie zunächst mit einfachen geometrischen Formen (Ovalen) die Positionen der wichtigsten Blüten fest. Danach kennzeichnen Sie die Blütenmitte ebenfalls durch Ovale.

Das Einzeichnen der einzelnen Blütenblätter innerhalb der Hilfslinien ist jetzt nicht mehr schwer.
Ihre Vorzeichnung sollte nach dem Entfernen der Hilfslinien so aussehen.

Das Malen mit Gouachefarben

der Blütenmitte an und ziehen ihn, der Form des Blattes folgend, nach außen. Wenn die Farbe nicht zu nass ist, sieht man anschließend die Pinselspuren.

Die Blütenmitte hat eine ganz andere Oberfläche als die Blätter. Sie wirkt wie gesprenkelt. Diesen Effekt erreichen Sie mit dem Borstenpinsel. Halten Sie ihn senkrecht, und tupfen Sie zuerst Rotbraun auf, das Sie anschließend mit aufgetupftem Kadmiumgelb mildern.

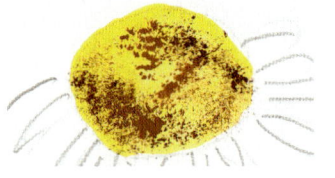

Wenn Ihr Bild so aussieht, können wir uns dem Hintergrund zuwenden.

Mischen Sie Hookersgrün und Kadmiumrot zu einem dunklen Grün.

Mit einem Haarpinsel tönen Sie die Bereiche zwischen den Blumen flächig ab. Bevor diese Farbe ganz getrocknet ist, arbeiten Sie mit Kadmiumgelb und Weiß einzelne Blätter und Stiele heraus.

Sie werden feststellen, dass sich die Farben auf dem Papier zu hellen Grüntönen mischen, die sich gut von dem dunklen Untergrund abheben.

Was diesem Bild jetzt noch fehlt, ist **perspektivische Tiefe**. Obwohl durch die Herausarbeitung der Blätter schon eine gewisse Tiefe entstanden ist, befinden sich die Blüten alle noch auf einer Ebene. Man kann noch nicht erkennen, in welchem Abstand vom Betrachter sich die Blüten befinden.

Eine Lasur aus stark verdünntem Weiß hilft uns jetzt weiter. Sehen Sie, was geschieht, wenn Sie diese Lasur über die Blüten am oberen Bildrand legen: Die Konturen verschwimmen und werden unschärfer – und dadurch entsteht Tiefe.

Wenn Sie nun noch die halb versteckten Blüten in der Bildmitte mit Kadmiumrot auf den dunkelgrünen Untergrund malen, erhöhen Sie die Tiefenwirkung noch zusätzlich.

Zum Schluss nehmen Sie noch einmal Weiß und setzen Lichter in die Blütenblätter.

Sommerblumen

Moderne Architektur

Nun kommen wir zu einem ganz anderen Motiv. Ich möchte Ihnen mit diesem Bild zeigen, dass für den Maler auch moderne Architektur durchaus reizvoll sein kann. Wählen Sie einen ungewöhnlichen Blickwinkel, und halten Sie sich bei der Farbauswahl nicht unbedingt an die Wirklichkeit.

> **Sie lernen:**
> ✦ wie Plastizität durch Licht und Schatten entsteht.
> ✦ wie weiche, fließende Farbübergänge gemalt werden.
>
> **Maltechnik:**
> ✦ deckendes Malen

> **Sie brauchen folgendes Material:**
> ✦ Aquarellpapier, matt, 200 g/m²
> ✦ Bleistift HB (Vorzeichnung)
> ✦ Haarpinsel, flach, Nr. 4 und 8
> ✦ Haarpinsel, rund, Nr. 2
> ✦ Gouachefarben in Weiß, Kadmiumgelb hell, Kadmiumrot hell, Kobaltblau, Siena gebrannt und Schwarz

Auch hier steht die Vorzeichnung am Anfang. Das Blatt liegt im Querformat vor Ihnen. Der extreme Blickwinkel führt zu einer ungewöhnlichen Perspektive. Dadurch ist das perspektivische Gesetz, dass senkrechte Linien senkrecht bleiben, hier außer Kraft gesetzt. Denn alle eigentlich senkrechten Linien laufen auf einen gemeinsamen Fluchtpunkt zu – und der liegt etwas außerhalb des Blattes.

Beginnen Sie Ihre Vorzeichnung mit den beiden Türmen. Auf dem Bildbeispiel sehen Sie die fertige Vorzeichnung. Da Sie mit deckenden Farben malen, brauchen Sie die senkrechten Trennungslinien der Fenster nicht einzuzeichnen. Sie würden unter dem Farbauftrag wieder verschwinden.

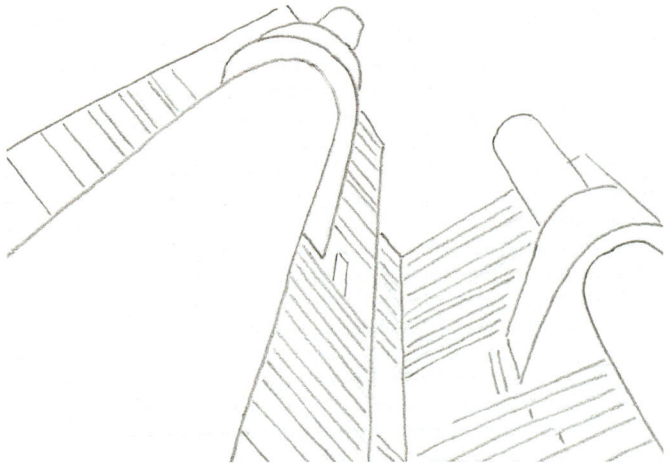

Nun werden die beiden Türme mit Kobaltblaumischungen plastisch herausgearbeitet. Bevor Sie anfangen, mit Farbe zu arbeiten, möchte ich Ihnen jedoch an einem Beispiel die vielfältigen Farbabstufungen zeigen, die durch das Mischen von Kobaltblau, Siena gebrannt, Schwarz und Weiß möglich sind:

Benutzen Sie einen Haarpinsel Nr. 8 und mischen auf Ihrer Palette Kobaltblau, etwas Siena gebrannt und Schwarz zu einem sehr dunklen Blau. Dieses tragen Sie auf der linken Seite des linken Turmes auf. Je weiter Sie zur Mitte des Turmes kommen, desto mehr Blau und Weiß geben Sie in Ihre Mischung. Wenn Sie weiter nach rechts arbeiten, erhöhen Sie den blauen Anteil in Ihrer Farbe wieder. Der rechte Turm wird genauso gemalt, auch wenn seine dunkelsten Schatten in der Mitte liegen.

Die Blaumischungen für die Fenster der Hochhäuser sind identisch mit denen der Türme. Beginnen Sie auch hier mit

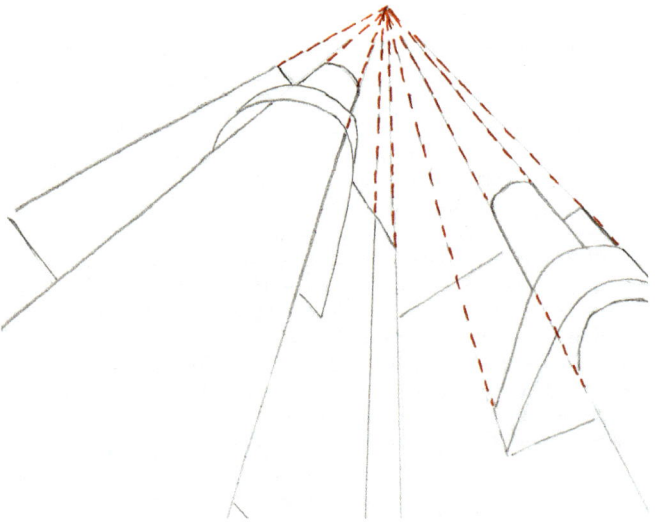

Moderne Architektur

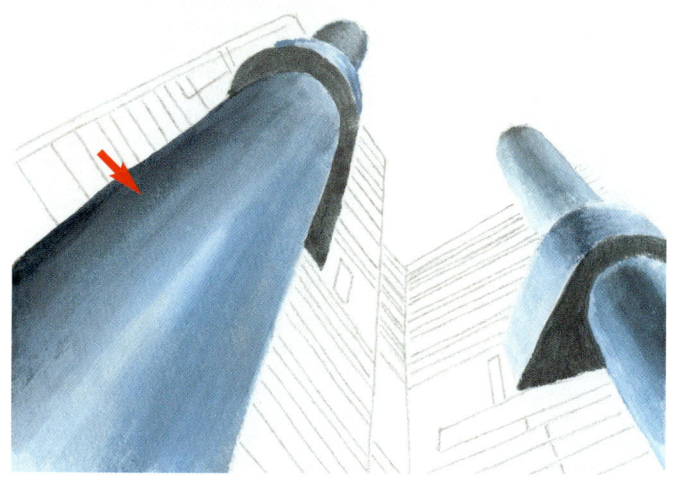

Blaumischungen in verschiedenen Helligkeitsabstufungen

den dunklen Flächen, bevor Sie die helleren malen. Nehmen Sie einen flachen Haarpinsel Nr. 4, um damit die geraden Kanten sauber zu ziehen.

Im letzten Arbeitsschritt werden die Details gemalt. Mit einem Rundpinsel Nr. 2 und unserer dunkelblauen Farbmischung entstehen die Trennungslinien der Fenster und die charakteristischen Linien am linken Turm. Denken Sie daran:

Alle diese Linien laufen wiederum auf den Fluchtpunkt zu.
Ein besonderer Effekt entsteht, wenn Sie diese dunkelblauen Linien mit Kadmiumgelb und Kadmiumrot noch einmal übermalen.

33

Das Malen mit Acrylfarben

Diese Farben sind besonders für den Anfänger ein idealer Einstieg. Ihre Möglichkeiten sind fast unbegrenzt. Sie können wie beim Aquarell feinste Lasuren malen, aber auch kräftig deckende Farbschichten anlegen.

Acrylfarben können mit Wasser verdünnt werden, trocknen aber wasserunlöslich auf. Außerdem trocknet die Farbe sehr schnell. Schon nach etwa 30 Minuten kann ein Farbauftrag übermalt werden. Allerdings müssen aus diesem Grund die Pinsel und anderen Malgeräte zügig mit Wasser ausgewaschen werden. Aufgrund der guten Deckeigenschaften sind bei Acrylfarben, im Gegensatz zu Aquarellfarben, auch nachträgliche Korrekturen möglich.

Kleine Materialkunde

Acrylfarben haben hervorragende Hafteigenschaften, das heißt, man kann auf fast jedem **Malgrund** arbeiten, wenn er fettfrei und nicht zu dünn ist. Ich empfehle Aquarell-, Universal- oder Ölmalpapier.

Außerdem eignen sich alle Pinsel, die Sie auch für die Gouache- und später für die Ölmalerei benutzen. Am besten sind jedoch Borsten- und Synthetikpinsel, da Naturhaarpinsel das Acryl aufsaugen und dann ziemlich steif und unbeweglich werden.

Zur Grundausstattung sollte auch ein **Malspachtel** gehören. Er wird zum Auftragen von dicker Farbe auf den Malgrund benutzt. **Acrylfarben** werden vom Handel in Tuben und Gläsern angeboten. Da die Tubenfarbe dickflüssiger ist und leicht mit Wasser verdünnt werden kann, empfiehlt es sich, zunächst solche Farben zu kaufen. Eine begrenzte Farbpalette genügt für den Anfang: Weiß (am besten eine große Tube, da dies die am meisten benutzte Farbe sein wird), Kadmiumgelb, Lichter Ocker, Kadmiumrot, Karminrot, Kobaltblau (oder Ultramarin), Echtgrün oliv, Siena gebrannt, Sepiabraun und Elfenbeinschwarz.

Maltechniken

Wenn Sie die vorherigen Kapitel durchgearbeitet haben, kennen Sie die meisten der nun vorgestellten Techniken; deshalb kann ich mich an dieser Stelle kürzer fassen:

Hier ist ein **deckender Farbauftrag** zu sehen. Dabei ergeben Haar- und Borstenpinsel jeweils verschiedene Arbeitsspuren. Im dritten Beispiel sehen Sie zwei sich überlagernde Farbaufträge.

Wenn man Acrylfarben stark mit Wasser verdünnt, erhält man eine **Lasur**, also einen nicht deckenden Farbauftrag.

Legt man zwei oder mehrere Lasuren übereinander, scheinen die unteren Farbschichten immer noch durch.

Haarpinsel

Borstenpinsel Borstenpinsel

Maltechniken

Um ausgeprägte Strukturen zu erzeugen, kann man Acrylfarbe auch spachteln – einfarbig oder mit mehreren Farben.

Man erhält interessante Strukturen, wenn man über eine gespachtelte Farbschicht eine hellere Lasur legt.

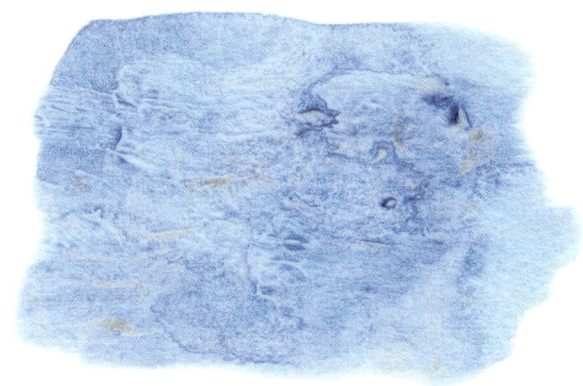

Es gibt auch die Möglichkeit, mit einer farblosen Strukturpaste zu arbeiten, über die nach dem Trocknen eine Lasur gelegt wird. Dies ist nur eine Auswahl an Möglichkeiten. Ihrer Fantasie sind dabei keine Grenzen gesetzt. Tupfen Sie mit Schwämmen oder Papier, verziehen Sie die Farbe mit Kartonstückchen, kombinieren und experimentieren Sie. Vielleicht erleichtert Ihnen unsere nun schon bekannte Komposition den Einstieg. Ich habe so viele Techniken wie möglich angewendet.

deckendes Malen mit dem Haarpinsel

Strukturpaste, überlasiert mit Blau, Gelb und etwas Rot

deckendes Malen mit dem Borstenpinsel

deckendes Malen mit dem Haarpinsel – Schatten mit einer blauen Lasur

gespachtelt und mit Weiß überlasiert

Bildbeispiele

Herbstblätter

Die kräftig leuchtenden Farben des Herbstlaubs auf der einen Seite und die filigranen Muster, die der Frost gezeichnet hat, auf der anderen Seite lassen die Möglichkeiten der Acrylfarben gut zur Geltung kommen. Da Sie keine langen Trocknungszeiten einplanen müssen, können Sie die Blätter zügig und in einem Arbeitsgang malen.

Sie lernen:
- wie durch eine begrenzte Farbpalette Farbharmonie entsteht.
- wie unterschiedliche Strukturen (glatt und rau) gemalt werden.

Maltechniken:
- deckendes Malen
- Lasur
- Tupftechnik

Sie brauchen folgendes Material:
- Aquarellpapier, ca. 250 g/m², oder Universalmalpapier
- Bleistift HB
- Borstenpinsel Nr. 4
- Synthetikpinsel flach (Nr. 8) und rund (Nr. 4)
- Acrylfarben in Weiß, Zitronengelb, Goldgelb, Permanentgrün, Brillantrot, Krapplack, Kobaltblau und Siena gebrannt

Da in diesem Motiv das Mischen der Farben eine besondere Rolle spielt, möchte ich Ihnen zunächst einige der wichtigsten Farbmischungen vorstellen. Sie sollten sich allerdings nicht darauf beschränken, sondern Ihre Palette durch Experimentieren und Mischen erweitern.

Goldgelb + Permanentgrün

Zitronengelb + Permanentgrün

Kobaltblau + Krapplack

Goldgelb + Siena gebrannt

Kobaltblau + Siena gebrannt

Sie haben nun die Möglichkeit, Ihr eigenes Bild zu komponieren, da die äußere Form der Blätter keine zeichnerische Herausforderung sein dürfte.
Legen Sie das Blatt im Querformat vor sich hin und beginnen zunächst mit der Vorzeichnung.

Es gibt zwei Techniken, mit denen diese Blätter gemalt werden können. Wählen Sie diejenige aus, die Ihnen am meisten zusagt oder kombinieren Sie beide.

Zuerst malen wir in der **Lasurtechnik** ein rotes Blatt mit tiefvioletten Schatten. Dazu malen Sie die Schatten mit einer Mischung aus Kobaltblau und Krapplack. Benutzen Sie dabei einen flachen Synthetikpinsel. Diese Schatten werden im zweiten Schritt mit der Hauptfarbe, hier Brillantrot, übermalt. Verdünnen Sie die Farbe dazu mit etwas Wasser. Die Farbflächen werden mit einer weißen Lasur verbunden, bevor Sie mit dem Borstenpinsel weiße Farbe für den Raureif auftupfen. Die feinen Blattadern ziehen Sie mit einem Rundpinsel Nr. 4.

Herbstblätter

Eine weitere Möglichkeit ist, die Farben **deckend** einzusetzen. Das soll hier am Beispiel eines grün-gelben Blattes gezeigt werden. Da die Farben zum Teil feucht ineinander gemalt werden, spielt es keine Rolle, ob Sie zuerst Grün und dann Gelb nehmen oder umgekehrt.

Auch hier werden Farbübergänge durch Übermalung mit einer weißen Lasur geglättet, bevor mit einem feinen Haarpinsel die Blattadern gemalt und mit einem Borstenpinsel der Raureif getupft wird.

Hier sehen Sie noch einige Blätter in der Vergrößerung. Versuchen Sie es selbst!

Erkennen Sie das Motiv wieder? Im Kapitel zu Farben und Farbmischungen habe ich es Ihnen schon einmal vorgestellt. Obwohl dieses Bild auf den ersten Blick sehr „bunt" erscheint, passen alle Farben gut zueinander – sie harmonieren. Sehen Sie genau hin: Die Farben Goldgelb, Krapplack und Kobaltblau tauchen in allen Blättern auf – und das schafft **Farbharmonie**. Auch für die dunkelsten Bildbereiche wird kein Schwarz verwendet, sondern Kobaltblau und Siena gebrannt zu einer sehr dunklen Farbe gemischt.

Das Malen mit Acrylfarben

Stillleben

Sie lernen:
- wie glatte, glänzende Oberflächen gemalt werden.
- wie man das Hilfsmittel Strukturpaste einsetzt.

Maltechniken:
- deckendes Malen
- Lasur

Sie brauchen folgendes Material:
- Universalmalpapier oder Aquarellpapier
- Bleistift HB
- Synthetikpinsel, flach oder rund, Nr. 8 und Nr. 4
- Borstenpinsel
- Strukturpaste
- Acrylfarben in Weiß, Zitronengelb, Orange, Lichter Ocker, Kobaltblau, Siena gebrannt, Umbra gebrannt und Schwarz

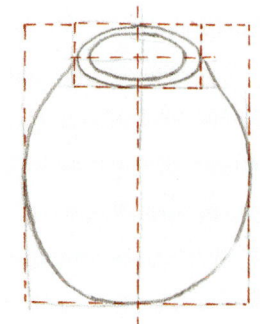

Ziehen Sie durch die Grundform eine senkrechte Mittelachse, teilen Sie die obere Öffnung durch ein kleines Rechteck ab, und zeichnen Sie dann die Rundung der Vase.

Die Strukturen in der Hauswand und auf dem Fußboden werden mit Strukturpaste gearbeitet. Diese Paste ist sehr dickflüssig und hinterlässt nach dem Trocknen auf dem Malgrund Erhöhungen und Vertiefungen. Da sie farblos ist, erkläre ich Ihnen den ersten Arbeitsschritt ohne Bildbeispiel. Sollten Sie keine Strukturpaste haben, benutzen Sie unverdünntes Weiß. Mit dem Borstenpinsel tragen Sie diese Paste mit kurzen, kräftigen Pinselstrichen auf die Hauswand und auf den Fußboden auf. Arbeiten Sie nicht zu glatt, denn man soll die Pinselspuren sehen, die sich zufällig durch die harten Borsten ergeben.

Legen Sie das Blatt im Hochformat vor sich auf den Tisch, und beginnen Sie mit einer Vorzeichnung. Die Aufteilung der wichtigsten Gegenstände auf dem Blatt erfolgt wieder mit Hilfe einfachster geometrischer Formen, in die Sie dann die Vasen, die Tür und das Fenster zeichnen.

Während der Trocknungszeit wenden Sie sich den Vasen zu. An zwei Beispielen zeige ich Ihnen den schichtweisen Aufbau. Die anderen Vasen malen Sie genauso. Zuerst malen Sie die dunkelsten Schatten mit Umbra gebrannt. Über die Schatten des ersten Schrittes malen Sie mit der jeweiligen Grundfarbe. Die Farben dürfen nicht zu dickflüssig sein, da die Schattenfarbe hindurch schimmern soll. Den oberen Teil der Vase tönen Sie teilweise mit einer Lasur aus Umbra gebrannt noch einmal dunkler.

Falls Sie mit der Perspektive der Vasen Schwierigkeiten haben sollten, versuchen Sie es mal mit diesem Aufbau:

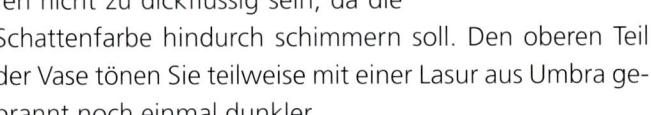

Stillleben

Setzen Sie zum Schluss mit unverdünntem Weiß die hellsten Lichter – nur so entsteht die Anmutung einer glatten, glänzenden Oberfläche.

An diesem Krug können Sie sich nun selbst versuchen! Die Arbeitsschritte können Sie an dem eben entwickelten Krug nachvollziehen.

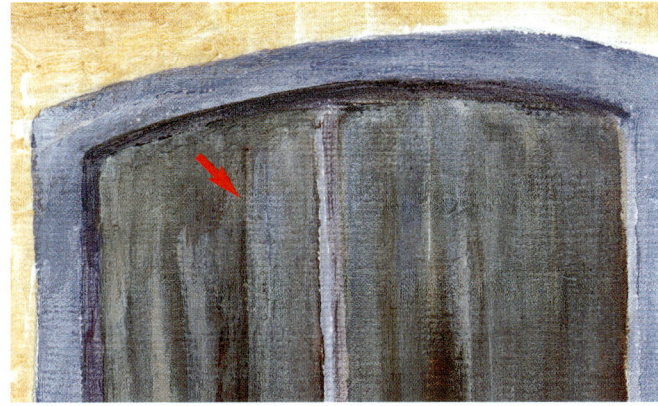

Nun kommen wir zu den Pflanzen auf der linken Bildseite. Tupfen Sie die Blüten mit dem Borstenpinsel und benutzen die Farben Orange, Siena gebrannt, Umbra gebrannt und Weiß in der angegebenen Reihenfolge.

Mischung der Grundfarbe:

Das Grün der Blätter mischen Sie aus Kobaltblau und Zitronengelb. Abgedunkelt wird es mit Siena gebrannt, aufgehellt mit Weiß.

In der Zwischenzeit ist die Strukturpaste an der Hauswand und auf dem Fußboden getrocknet und kann übermalt werden.

Die Grundfarben der anderen Vasen sind Mischvarianten aus den hier gezeigten Mischungen. Experimentieren Sie, indem Sie zusätzlich Umbra gebrannt oder Kobaltblau dazugeben. Den Türrahmen malen Sie mit einem Haarpinsel Nr. 4. Mischen Sie Kobaltblau, Schwarz und Weiß zu einem blaugrauen Farbton. Für die Schatten geben Sie mehr Schwarz in die Mischung.

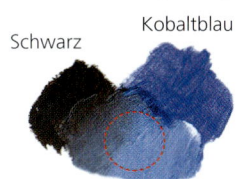

Die dunklen Flächen in der Tür und auch im Fenster tönen Sie zunächst mit einer dunklen Mischung aus Umbra gebrannt und Schwarz.

Die hellen Farbabstufungen entstehen durch Lasuren. Beginnen Sie mit einer Lasur aus Lichter Ocker, dann Kobaltblau und zum Schluss Weiß. Lassen Sie stellenweise den dunklen Untergrund stehen (Pfeil).

Die dunklen Stellen werden nun noch einmal mit Umbra gebrannt überlasiert. In den Vergrößerungen ist gut zu erkennen, wie sich die Lasur in den Vertiefungen sammelt. Noch deutlicher wird dies beim Fußboden: Die Lasur ist hier eine Mischung aus Kobaltblau und Schwarz.

Lasur aus Lichter Ocker

Umbra gebrannt

Gläser

Zum Abschluss dieses Kapitels über Acrylfarben möchte ich ein Bild mit Ihnen malen, in dem alle Vorteile der Acrylfarben gegenüber anderen deckenden Maltechniken besonders zur Geltung kommen. Diese Vorteile sind zum einen die schnelle Trocknungszeit, zum anderen die Möglichkeit des transparenten Arbeitens mit Lasuren.

Sie lernen:
- wie auf einem gespachtelten Hintergrund ein plastisches Motiv entsteht.
- wie mit Hilfe von Lasuren durchsichtiges Glas gemalt wird.

Maltechniken:
- Spachteln
- Lasuren

Sie brauchen folgendes Material:
- Acrylmalkarton, ca. 360 g/m²
- Malspachtel
- Synthetikhaarpinsel, flach oder rund, Nr. 4 und Nr. 8
- Acrylfarben in Weiß, Zitronengelb, Goldgelb, Orange, Krapprot, Phthaloblau, Siena gebrannt und Umbra gebrannt

Ausschnittsvergrößerungen

Da wir keine Vorzeichnung brauchen, können Sie sofort damit beginnen, Farbe auf den Malgrund zu spachteln. Arbeiten Sie „aus dem Bauch heraus", spielen Sie mit den Farben, beobachten Sie ihre Wirkung – wenn Ihnen etwas nicht gefällt, spachteln Sie eine andere Farbe darüber.

Ich habe mit den Komplementärfarben Goldgelb und Phthaloblau angefangen. Wo die Farben noch feucht waren, haben sie sich vermischt. Trocken übereinander gespachtelte Farben decken sich teilweise ab. Wenn Sie mit dem Spachtel feuchte Farbe abkratzen, kommen die darunter liegenden Farbschichten wieder zum Vorschein.

Wenn Sie mit der farblichen Gestaltung des Hintergrundes zufrieden sind, zeichnen Sie mit dem Haarpinsel Nr. 4, verdünntem Umbra gebrannt und Weiß die Umrisse der drei Gläser und der Apfelsinenscheibe.

Anschließend malen Sie die Inhalte der Gläser: für das hintere Glas mit Lasuren aus Zitronengelb und für die beiden vorderen Gläser mit einer gemischten Lasur aus Orange und Siena gebrannt. Deuten Sie auch die ersten Lichter an den Glasfüßen mit einer weißen Lasur an. Die Orangenscheibe malen Sie deckend mit Orange und Goldgelb.

Glas ist durchsichtig. Alles, was sich dahinter befindet, bleibt sichtbar – wenn auch teilweise verschwommen und unklar.

Hier ist dasselbe Glas noch einmal zu sehen, jetzt aber weiter ausgearbeitet mit einer weißen Lasur.
Die hellsten Glanzlichter werden zum Schluss mit deckend eingesetztem Weiß gemalt. Und so entstehen auch die anderen beiden Gläser.

Sehen Sie sich diese Vergrößerung aus dem zweiten Schritt an: Obwohl eine dunkelrote Lasur über den gespachtelten Hintergrund gemalt wurde, bleiben seine Strukturen gut sichtbar.

Das Malen mit Ölfarben

Die meisten Anfänger trauen sich an die Ölmalerei nicht heran, weil sie meinen, sie sei besonders schwierig und nur etwas für Könner und Künstler.

Diese Scheu möchte ich Ihnen nehmen, denn wenn Sie diese Farben näher kennen gelernt haben, werden Sie überrascht sein, wie leicht es sich mit ihnen malen lässt.

Das einzige Gesetz, das Sie nie außer Acht lassen dürfen, wenn Sie mit Ölfarben malen lautet: **fett auf mager!**

Das ist sehr wichtig, denn Ölfarben enthalten, wie der Name schon sagt, einen bestimmten Anteil an Ölen, und Öl ist Fett. Je heller die Farbe ist, desto höher ist dieser Ölanteil und desto fetter also auch die Farbe.

In der Praxis bedeutet dies: Da Sie in den meisten Fällen schichtweise malen, sollten Sie immer mit den dunklen Farben (= magere Farben) einer Fläche beginnen und sich langsam zu den helleren Farbtönen (= fette Farben) vorarbeiten.

Da Weiß die hellste Farbe ist, wird sie folglich erst zum Schluss aufgetragen. Das Gleiche gilt für verdünnte (magere) bzw. unverdünnte (fette) Farben.

Kleine Materialkunde

Die Grundausstattung für die Ölmalerei umfasst eine begrenzte Anzahl Farben, Borsten- und Haarpinsel, Malspachtel, eine Palette zum Mischen der Farben, Terpentinöl oder Malmittel zum Verdünnen der Farben, einen Baumwolllappen und Terpentinölersatz zum Reinigen der Pinsel und natürlich einen **Malgrund**, auf dem Sie malen. Man kann fast jeden Untergrund als Malgrund für Ölfarbe verwenden – nur muss er vor dem Malen grundiert werden, da z.B. unbehandeltes Papier das Öl aufsaugt. Der Farbauftrag wird dadurch stumpf und glanzlos. Da eine Grundierung für den Anfänger sehr aufwändig ist, empfehle ich fertig gekaufte Bildträger, wie z.B. Ölmalpapier mit Leinwandstruktur oder Malkarton. Wenn Sie Freude an dieser Technik gefunden haben, werden Sie sicher bald auch zu dem klassischen Malgrund greifen, der auf einen Keilrahmen aufgespannten Leinwand.

Ölfarben werden in Tuben angeboten. Man kann fertige Sets kaufen, in denen sich neben den Farben meist auch Pinsel, Terpentinöl, Malmittel und eine Palette befinden. Für Ihre Grundausstattung empfehle ich Ihnen folgende Farben: eine große Tube Weiß, Kadmiumgelb, Kadmiumorange, Lichter Ocker, Kadmiumrot, Kobaltblau, Saftgrün, Siena gebrannt, Umbra gebrannt und Schwarz.

Als **Palette** genügt für den Anfang ein Porzellanteller oder eine Glasplatte. Geeignete **Pinsel** sind sowohl Borsten- als auch Haarpinsel, in runder oder flacher Form. Auch ein **Malspachtel** sollte in Ihrer Grundausstattung nicht fehlen. Sie können aber auch die Pinsel benutzen, die Sie in der Gouache- und Acrylmalerei eingesetzt haben.

Da Ölfarbe nicht wasserlöslich ist, müssen Sie Ihre Pinsel nach dem Malen mit Terpentinöl reinigen. Falls Sie allergisch auf diese Dämpfe reagieren, können Sie auch handelsübliches Spülmittel nehmen. Allerdings ist dann die Reinigung der Pinsel wesentlich mühsamer, und minimale Farbreste bleiben zurück, was sich auf die Haltbarkeit der Pinsel auswirkt.

Maltechniken

Ölfarbe ist cremig. Man kann sie direkt aus der Tube mit dem Borstenpinsel oder Spachtel auftragen und erhält so einen lebhaften, strukturierten Farbauftrag. Der Pinselstrich oder die Spachtelspuren sind gut sichtbar.

Borstenpinsel Malspachtel

Das Malen mit Ölfarben

Wenn Sie die unverdünnte Farbe mit einem Haarpinsel auftragen, sind die Pinselstriche auch gut sichtbar, aber wesentlich weniger strukturiert, weil die weicheren Haare nicht so starke Pinselspuren auf dem Malgrund hinterlassen.

Das sollte an dieser Stelle genügen. Sie werden im Laufe des Malens mit Ölfarben eigene Erfahrungen sammeln. Sie werden feststellen, dass es kaum etwas gibt, das man nicht zum Auftragen der Farben benutzen kann. Erlaubt ist, was gefällt – um immer neue und interessante Strukturen zu bekommen.

Gleichmäßige Farbverläufe und glatte Flächen lassen sich gut mit dem Haarpinsel malen, aber auch Details und feine Linien.

Das können Sie auch!
Probieren und experimentieren Sie mit verschiedenen Pinseln und dem Malspachtel.

Kürbisse

Bildbeispiele

Kürbisse

Die Farbbrillanz der Ölfarben und die Möglichkeiten der plastischen Gestaltung kommen in diesem Motiv gut zur Geltung.

Sie lernen:
- was eine Untermalung ist und wozu man sie braucht.
- wie glatte, glänzende Oberflächen schichtweise gemalt werden.
- wie wichtig die Farbe Weiß ist, um Plastizität entstehen zu lassen.

Maltechniken:
- deckendes Malen mit dem Synthetikpinsel
- Spachteltechnik

Sie brauchen folgendes Material:
- Ölmalpapier
- Bleistift HB
- Synthetikpinsel Nr. 8 und Nr. 4
- Malspachtel
- Terpentinöl oder Malmittel
- Baumwolllappen
- Ölfarben in Weiß, Kadmiumgelb, Kadmiumorange, Lichter Ocker, Kadmiumrot dunkel, Saftgrün, Kobaltblau, Englischrot hell und Umbra gebrannt

Wir beginnen dieses Bild mit einer **Untermalung**. Dies ist ein mit stark verdünnter Farbe gemalter Untergrund in den Farben des späteren Bildes. Zum Verdünnen benutzen Sie Terpentinöl oder ein spezielles Malmittel für Untermalungen.

Es ist zwar nicht zwingend notwendig, mit einer Untermalung zu arbeiten, aber es hat mehrere Vorteile:

Das Wichtigste zuerst: Sie erinnern sich bestimmt an das Gesetz **fett auf mager**. Bei stark verdünnter Ölfarbe verringert sich der Fettanteil, also tragen Sie mit der Untermalung die magerste Farbschicht zuerst auf.

Ein weiterer Vorteil liegt darin, dass Sie die wichtigsten Farbflächen der Komposition festlegen und schon in diesem frühen Stadium ihre Wirkung überprüfen können.

Das Anfertigen einer Untermalung geht schnell, denn es kommt nicht auf Details an. Verdünnen Sie auf Ihrer Palette die jeweilige Farbe mit Terpentinöl zu einer dünnflüssigen Farblösung. Diese tragen Sie mit dem Pinsel Nr. 8 auf.

Das Blatt liegt im Querformat. Mit der nun folgenden Vorzeichnung dürften Sie eigentlich keine Schwierigkeiten haben.

Das Malen mit Ölfarben

Warten Sie, bis die Untermalung getrocknet ist, bevor Sie weitermalen.

Schatten

An drei Beispielen sehen Sie nun den schichtweisen Aufbau der Kürbisse:
Beginnen Sie oben am Stiel mit Kadmiumorange und ziehen die Farbe nach unten. Malen Sie der Rundung nach, so wie es die Striche in der Vorzeichnung andeuten. In die feuchte Farbe malen Sie dann zunächst mit Kadmiumrot dunkel und anschließend mit Kadmiumgelb.
Hellen Sie die linke Seite stärker mit Kadmiumgelb auf. Für den Stiel benutzen Sie Saftgrün.

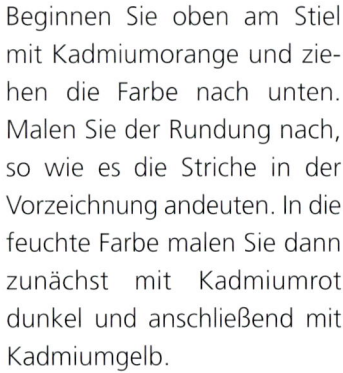

Den Stiel zeige ich Ihnen in einer Vergrößerung. Tönen Sie die Zwischenräume mit Weiß. Der Pinsel nimmt das noch nicht getrocknete Grün des ersten Schrittes auf und transportiert es weiter. So mischen sich Farben auf dem Malgrund. Die dunkelsten Schatten im unteren Teil des Kürbis werden aus Orange, Weiß und Kobaltblau gemischt:

Schatten

Zum Schluss setzen Sie die hellsten Glanzlichter mit Weiß auf.

Hier brauche ich nicht mehr viel zu erklären, denn die Farben und Farbmischungen kennen Sie aus dem ersten Beispiel.

Diesen kleinen Kürbis malen Sie auf die gleiche Weise wie den Stiel aus dem ersten Beispiel. Nehmen Sie zuerst Saftgrün für die dunklen Bereiche. Wenn Sie dann mit Weiß die

Zwischenräume füllen, vermischen sich die beiden Farben. Mit Hilfe dieser drei Beispiele müssten Sie eigentlich in der Lage sein, alle Kürbisse des Bildes allein zu malen.
Da sich in dem Motiv aber auch drei Äpfel befinden, sehen Sie jetzt, wie man einen Apfel plastisch malt:
Die Grundfarbe ist Saftgrün; für die hellen Bereiche mischen Sie Kadmiumgelb hinzu. Tragen Sie die Farbe mit einem Synthetikpinsel auf und folgen dabei der Form des Apfels.
Für den Stiel nehmen Sie Umbra gebrannt.

Verbinden Sie die Farbflächen des Apfels, indem Sie ihn noch einmal mit Kadmiumgelb übermalen – auch die Schatten. Säubern Sie den Pinsel während des Malens immer wieder mit dem Baumwolllappen, da er vor allem die dunklen Farbpigmente aufnimmt und weiterträgt.

Mit Kadmiumrot verstärken Sie die Schatten, bevor Sie mit Weiß den oberen Teil aufhellen. Durch diesen Arbeitsgang verschmelzen die Farbflächen noch stärker miteinander, und es entsteht eine glatte Fläche. Nun wird noch das Glanzlicht mit Weiß gemalt.

Zum Schluss zeige ich Ihnen noch, wie der Korb gestaltet wird:

Mit Umbra gebrannt und dem Synthetikpinsel entsteht die Korbstruktur.
Mit Englischrot hell werden die Zwischenräume gefüllt …
… bevor Sie im letzten Schritt Weiß einsetzen.

Kürbisse

Was jetzt noch fehlt, ist das Stroh, in dem die Früchte liegen. Seine Oberfläche ist rau und stark strukturiert, deshalb benutzen wir den Malspachtel. Grundieren Sie die Fläche mit Lichter Ocker. In die feuchte Farbe arbeiten Sie zunächst mit Umbra gebrannt und dann mit Weiß. Die unruhige Struktur des Strohs entsteht, wenn Sie die Farbe mit der Spachtelspitze auftragen und mit lockerem Schwung aus dem Handgelenk nach oben ziehen. Ziehen Sie die Farbe auch zum Teil über die Kürbisse – nur dann liegen sie wirklich im Stroh.

Südliche Impressionen

Eine Hauswand kann wie ein Stillleben wirken. Hier werden die meisten Bildteile mit dem Malspachtel gearbeitet, da sich mit diesem Arbeitsgerät die groben Strukturen fast von selbst ergeben.

Sie lernen:
- wie unterschiedlich strukturierte Flächen mit dem Malspachtel gestaltet werden.

Maltechniken:
- Spachteln
- deckendes Malen mit dem Synthetikpinsel

Sie brauchen folgendes Material:
- Ölmalpapier
- Synthetikpinsel, flach, Nr. 4 und Nr. 8
- Malspachtel
- Terpentinöl oder Malmittel
- Baumwolllappen
- Ölfarben in Weiß, Kadmiumgelb hell, Kadmiumorange, Lichter Ocker, Permanentrot, Saftgrün, Englischrot dunkel, Siena gebrannt, Umbra gebrannt und Schwarz

Das Blatt liegt im Querformat. Bei diesem Bild wollen wir versuchen, die Vorzeichnung nicht mit dem Bleistift zu zeichnen, sondern gleich mit der Ölfarbe zu malen. Dazu verwenden wir stark verdünntes Umbra gebrannt und einen Rundpinsel Nr. 4.

malung leicht korrigieren. Nachdem die Untermalung getrocknet ist, beginnen Sie mit dem Spachteln der Hauswand. Die Grundfarbe wird aus Umbra gebrannt und Weiß sowie Lichter Ocker und Weiß gemischt.

Sehen Sie sich die Ausschnittvergrößerung an. Dieser lebendige Farbauftrag ist nicht planbar; er ergibt sich während des Malens. Glatte Flächen entstehen mit der Spachtelunterseite; feine Linien ziehen Sie mit der Kante des Spachtels. Um aufgeraute Strukturen zu bekommen, tupfen Sie mit der Spachtelspitze in die feuchte Farbe.

Sollten Ihnen dabei Fehler unterlaufen, wie zum Beispiel die beiden viel zu kleinen Blumentöpfe unter dem Fenster, können Sie diese im zweiten Arbeitsschritt mit der Unter-

Die Fensterläden malen Sie zunächst mit dem Haarpinsel. Beginnen Sie mit einer dunkleren Farbmischung aus Umbra gebrannt und Weiß.
Für die Schatten und die Begrenzungslinien zwischen den Brettern nehmen Sie Umbra gebrannt. Dann hellen Sie

Südliche Impressionen

Nun kommen wir zu den Blumentöpfen: Mischen Sie die Grundfarbe aus Orange, Weiß und Englischrot.
Tragen Sie die Mischung mit dem Haarpinsel gleichmäßig auf. Anschließend spachteln Sie Saftgrün für die Pflanzen darüber.

stellenweise die Farbflächen mit Weiß auf und setzen farbliche Akzente mit Permanentrot.
Im dritten Schritt arbeiten Sie die Holzstruktur mit dicker aufgetragenem Weiß noch stärker heraus. Hier können Sie eventuell wieder den Spachtel nehmen. Den Farbton für den Fensterrahmen und die Tür mischen Sie aus folgenden Farben:
Tragen Sie die Mischung mit einem flachen Haarpinsel auf. Malen Sie mit Schwarz Schatten in die feuchte Farbe – die Farben mischen sich auf dem Papier. Der untere Teil der Tür setzt sich aus einzelnen Brettern zusammen. Deuten Sie dies nur an, so wie Sie es in der Vergrößerung sehen.

Die Blumentöpfe auf der linken Seite werden nun mit Umbra gebrannt abgedunkelt (Pfeile), bevor Weiß in das Grün gespachtelt und mit der Spachtelspitze getupft wird.

Zum Schluss hellen Sie die Töpfe auf der rechten Seite mit Weiß auf und deuten mit dem Spachtel und Permanentrot Blüten an.

Die Gardinen im Fenster und in der Tür werden mit einer Mischung aus Englischrot, Umbra gebrannt und Schwarz mit dem Haarpinsel in senkrechter Strichführung gemalt. Mit Weiß wird diese Farbe anschließend aufgehellt.

Genau so malen Sie auch die Blumen links und rechts von der Tür, den Blumentopf auf der Fensterbank und die Pflanzen am linken Bildrand.

Und nun sehen Sie das fertige Bild:

Schmetterling und Blumen

Mit dem letzten Motiv im Kapitel zu den Ölfarben möchte ich Ihnen etwas Besonderes zeigen. Zunächst malen Sie ein naturalistisches Bild, so wie Sie es im Verlauf dieses Buches schon gemacht haben.

> **Sie lernen:**
> + alle vorher erklärten Techniken zu kombinieren.
> + wie man durch Veränderung der Formen und Farben aus einem realistischen Motiv ein abstraktes entwickelt.
>
> **Maltechniken:**
> + deckende Malweise

> **Sie brauchen folgendes Material:**
> + Ölmalpapier
> + Bleistift HB
> + Baumwolllappen
> + Terpentinöl oder Malmittel
> + Synthetikpinsel, flach und rund, Nr. 8 und Nr. 4
> + Ölfarben in Weiß, Kadmiumgelb hell, Lichter Ocker, Permanentrot, Preußischblau, Englischrot hell und Schwarz

Das Blatt liegt im Querformat vor Ihnen. Zunächst legen Sie die Vorzeichnung an – entweder mit dem Bleistift oder mit verdünnter Ölfarbe.

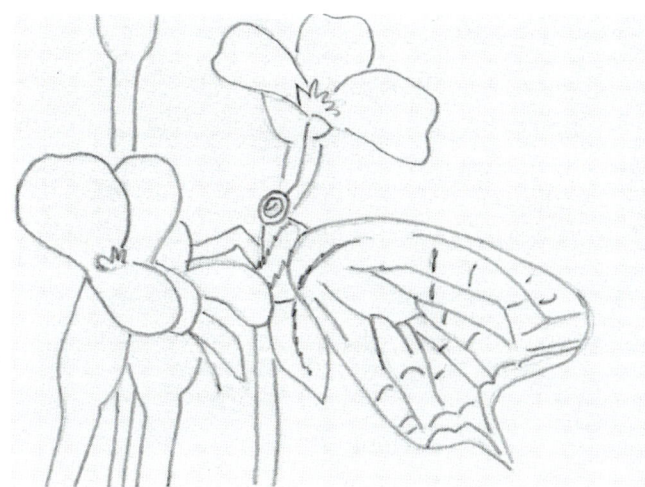

Mischen Sie für den Himmel Preußischblau und Weiß; und für das Grün im unteren Bildteil: Preußischblau und Kadmiumgelb. Mit einem flachen Synthetikpinsel Nr. 8 wird mit waagerechten Pinselstrichen gemalt.

Das Dunkelgrün im unteren Bildteil mischen Sie aus Preußischblau, Permanentrot und Kadmiumgelb.

Die hellen und dunklen Grüntöne werden miteinander verbunden, indem man die Farben feucht ineinander malt. Der Pinsel muss zwischendurch mit dem Tuch saubergewischt werden, da er während des Malens dunkle bzw.

Das Malen mit Ölfarben

helle Farbpigmente aufnimmt und weitertransportiert. Zum Schluss verbinden Sie die blaue Farbfläche des Himmels und die grüne Farbfläche miteinander, indem Sie von Grün nach Blau arbeiten. Benutzen Sie einen Flachpinsel, den Sie immer wieder mit einem Lappen säubern.

An einem Beispiel sehen Sie, wie in drei Schritten die Blüten gemalt werden:

Tragen Sie mit einem flachen Synthetikpinsel Nr. 4 Permanentrot auf. Lassen Sie dabei die Blütenmitte frei.

Mit Kadmiumgelb und Weiß malen Sie die hellsten Lichter.

Nun benutzen Sie Weiß. Setzen Sie einen sauberen Pinsel in der Mitte der Blüte an und ziehen ihn mit Schwung nach außen in die rote Farbe. Die Schatten entstehen mit Permanentgrün.

Die graugrüne Farbe für die Stiele der Blüten mischen Sie aus Preußischblau, Kadmiumgelb, Schwarz und Weiß. In der Mischprobe sehen Sie, dass verschiedene helle bzw. dunkle Grüntöne entstehen, je nachdem wieviel Weiß Sie dazumischen.
Beginnen Sie mit einem dunklen Farbton und ziehen mit dem runden Synthetikpinsel Nr. 4 die dunkelgrünen Linien.
Die Zwischenräume werden mit einem hellen Farbton gefüllt.
Die Stiele haben keinen glatten Rand, und man sieht feine Härchen. Diese malen Sie mit einem sauberen Flachpinsel und Weiß. Setzen Sie den Pinsel am äußeren Rand des Stiels an und ziehen ihn nach außen, in den noch feuchten grünen Hintergrund.

Bei dem Schmetterling malen Sie zunächst die dunklen Linien mit Schwarz. Mit Preußischblau und Englischrot setzen Sie anschließend die farblichen Akzente. Dann mischen Sie aus Lichter Ocker und Weiß die Hauptfarbe des Schmetterlings und tragen sie auf.

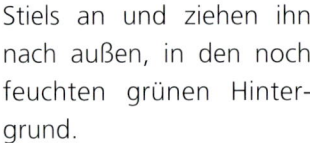

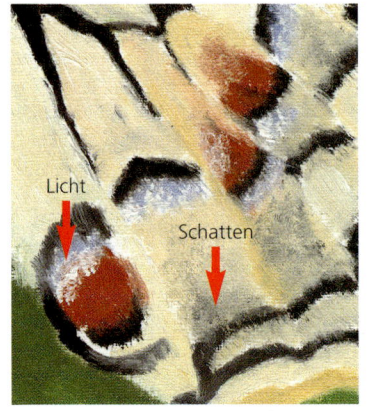

Die Schatten im unteren Teil des Flügels malen Sie mit Schwarz in die feuchte Hauptfarbe, mit Weiß werden die hellsten Lichter gemalt.

Schmetterling und Blumen

Wie am Anfang des Kapitels versprochen, möchte ich Ihnen jetzt etwas Besonderes zeigen: Ein Motiv kann durch eine andere, vielleicht unerwartete Farbgebung eine ganz neue Wirkung erhalten. Bei unserem Schmetterling-Bild haben sich die Formen der Blumen und des Schmetterlings nicht verändert – aber durch den Einsatz anderer, nicht naturalistischer Farben sind ganz andere Bilder entstanden. Diese sind nur mit den drei Grundfarben Rot, Blau und Gelb gemalt worden. Alle Grün-, Orange- und Lilatöne wurden aus diesen drei Farben gemischt.

Das können Sie auch!
Haben Sie Lust bekommen, eine eigene Komposition zu schaffen oder eines dieser Bilder nachzuarbeiten? Keine Angst, die Techniken sind dieselben wie im Original!

Das Malen mit Pastellkreide

Vielleicht werden sich einige von Ihnen fragen, was die Pastellkreide in einem Buch zu suchen hat, das sich mit Maltechniken beschäftigt, da sie doch eher zu den Zeichentechniken gehören müsste.

Das Malen (oder Zeichnen!) mit Pastellkreiden kann jedoch beiden Bereichen zugeordnet werden, je nachdem, wie man dieses Medium einsetzt. Wenn Sie hauptsächlich **linear** arbeiten, d. h. mit Linien und Schraffuren, **zeichnen** Sie. Verwenden Sie die Kreide allerdings **flächig**, **malen** Sie. Was das genau bedeutet, werden Sie im Laufe dieses Kapitels erfahren, denn die dort vorgestellten Motive sind mit Pastellkreide gemalt.

Aber zunächst müssen wir wissen, was Pastellkreide eigentlich ist:

Kleine Materialkunde

Es gibt **Pastellkreide** in vielen verschiedenen Sorten. Der Handel bietet runde und eckige, dicke und dünne, weiche und harte Kreiden an. Für die Bilder in diesem Buch habe ich runde Kreidestäbchen benutzt – nicht zu hart und nicht zu weich. Zu weich ist die Kreide für unsere Zwecke, wenn beim Probestrich Kreidebröckchen abbrechen, zu hart ist sie, wenn man sie kaum verwischen kann.

Sie benutzen kein normales Zeichenpapier. Es ist zu glatt und zu weiß. Gut geeignet ist **farbiges Tonpapier**. Die Oberfläche sollte etwas rau sein, damit die Kreidestäubchen besser haften. Achten Sie bei der Wahl des Papiers darauf, dass seine Farbe die aufgetragenen Töne stark beeinflusst. Deshalb gilt: Benutzen Sie für Pastellkreidebilder **niemals weißes Papier**! Die Farben wirken dann kalt und kalkig.

Jedes Pastellkreidebild muss, wenn es fertig ist, geschützt werden. Dazu benutzt man **Fixierspray**. Nach dem Einsprühen haften die Kreideteilchen besser am Untergrund.

Am besten schützt man jedes Bild, auch nach dem Einsprühen, wenn man es zwischen zwei Zeitungsseiten legt und in einer Zeichenmappe aufbewahrt – oder man rahmt es und hängt es auf!

Maltechniken

Pastellkreide ist im Gegensatz zu unseren bisherigen Techniken eine trockene Farbe. Das bedeutet, dass Sie Farben nicht auf einer Palette mischen können. **Mischen ist nur auf dem Papier möglich!**

Und dafür brauchen Sie besondere Mischtechniken.

Zunächst einmal müssen Sie wissen, dass man Pastellkreide mit den Fingern verwischen und dadurch auch mischen kann.

Mit Pastellkreiden kann man deckend arbeiten und also auch Farben übereinander malen.

Wie die beiden Bildbeispiele zeigen, ist es allerdings ein Unterschied, ob ich helle Farbe über dunkle Schichten lege oder umgekehrt.

Maltechniken

Haben Sie Lust Pastellkreiden auszuprobieren? Hier noch einmal unsere Komposition:

Der Hintergrund entstand aus einer Kombination von verwischten und nicht verwischten Farben. Begonnen wurde hier mit Dunkelblau, das anschließend mit Hellblau und Weiß aufgehellt wurde. Durch Verwischen entstand ein fließender Farbverlauf. Das zuletzt aufgetragene Weiß wurde nicht verwischt.

Benutze ich zuerst die dunkle Farbe, vermischt sie sich mit der darüber gemalten hellen zu einer neuen Farbe. Lege ich allerdings eine dunkle Farbe über eine helle, so wird die helle Farbschicht fast vollständig überdeckt.

Eine ganz andere Form des Mischens ist es, Striche über- und nebeneinander zu setzen. Damit können Sie strukturierte Oberflächen gestalten, wie z.B. Gras, Wasser oder Mauerwerk.

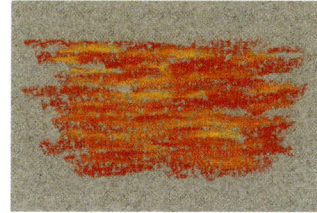

Die weichen Farbverläufe in den Kugeln und Quadraten entstanden durch Verwischen der Farbschichten. Zum Schluss wurde Weiß aufgetragen und nicht verwischt. Die Flächen der grünen Formen wurden schichtweise mit Linien vom dunkelsten Grün über Gelb bis hin zum Weiß aufgebaut. Auch diese Farben wurden nicht verwischt.

Bildbeispiele
Leuchtturm

> **Sie lernen:**
> ✦ das Mischen von Farben auf dem Papier durch Verwischen.
> ✦ wie man eine Fläche schichtweise von den dunkelsten zu den hellsten Farben aufbaut.

> **Sie brauchen folgendes Material:**
> ✦ Tonpapier in Hellgrau
> ✦ Pastellkreiden in Weiß, Dunkelgelb, Hell- und Dunkelgrau, Ultramarinblau, Hellrot, Dunkelgrün, Rotbraun, Dunkelbraun und Schwarz

Legen Sie das Blatt im Querformat vor sich hin und beginnen zunächst mit der Vorzeichnung.

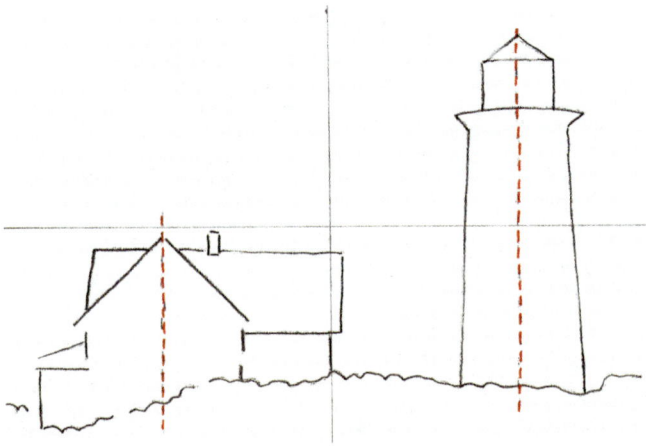

Teilen Sie das Blatt durch eine senkrechte und waagerechte Linie. Dies ist eine Orientierungshilfe bei der Positionierung des Hauses und des Leuchtturms.
Um die rot gestrichelten senkrechten Hilfslinien herum zeichnen Sie die äußere Form der Gebäude. Achten Sie vor allem bei dem Leuchtturm darauf, dass die seitlichen Linien denselben Abstand zur Mittelachse haben und dass die Spitze des Turms auf dieser Hilfslinie liegt.

> **WICHTIG!** Ich zeige Ihnen die Entwicklung der Vorzeichnung auf weißem Papier. Sie benutzen jedoch sofort das Tonpapier und weiße Pastellkreide.

Die neu hinzugekommenen waagerechten Hilfslinien im Leuchtturm erleichtern das Zeichnen der gebogenen Linien. Der höchste Punkt jeder Linie liegt auf der Mittelachse.

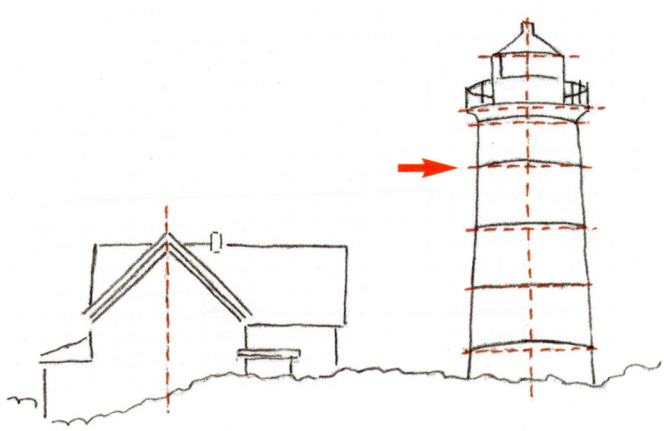

So sollte Ihre Vorzeichnung jetzt aussehen. Die hinter den Gebäuden aufsteigende Wolkenwand können Sie mit einigen Linien andeuten.

Für den Himmel verwenden Sie Ultramarinblau und Weiß und mischen diese Farben durch Verwischen mit den Fingern zu einer gleichmäßigen Fläche.
Die Büsche im unteren Teil des Bildes färben Sie mit Dunkelgrün. Diese Farbe wird **nicht** verwischt!
Tragen Sie nun die Farben des Hauses mit waagerechten Kreidestrichen auf, wobei das Papier teilweise sichtbar bleiben darf. Dann wird der Leuchtturm flächig abgetönt. Die Farben werden nicht verwischt.
Anschließend entstehen die Wolken. Färben Sie zunächst

Leuchtturm

die dunklen Bereiche mit Dunkelgrau, dann benutzen Sie Hellgrau, und zum Schluss tönen Sie die oberen Bereiche mit Weiß.

Zunächst mischen Sie die Wolkenfarben durch vorsichtiges Verwischen mit den Fingern. Dann arbeiten Sie an dem Haus die Schatten mit Dunkelbraun (Dach) und Schwarz (Fassade). Auch hier führen Sie die Kreide wieder waagerecht über das Papier. Verwischen Sie die Farbe nicht!

Die Fensterscheiben werden mit Dunkelbraun gemalt; die Fensterrahmen zeichnen Sie mit Weiß. Die Kuppel des Leuchtturms wird mit Schwarz dunkler getönt, und die Schatten im roten Bereich mit Dunkelbraun gesetzt. Für den unteren weißen Bereich nehmen Sie Hellgrau. Um die Rundung des Leuchtturms deutlicher herauszuarbeiten, betonen Sie noch einmal die oberen Schatten mit Dunkelbraun, bevor Sie den mittleren Bereich mit Weiß aufhellen.

Die Farben können nun vorsichtig mit den Fingern verwischt werden, um die Farbflächen miteinander zu verbinden. Den unteren weißen Teil übermalen Sie mit etwas Dunkelgelb. Das gibt dem Leuchtturm ein leicht verwittertes Aussehen.

Das Haus wird noch einmal mit Rotbraun (für das Dach) und Hellgrau und Weiß (für die Fassade) überarbeitet, bevor Sie mit Schwarz, Dunkelgrün und Weiß Struktur in die grünen Büsche im Vordergrund bringen. Malen Sie mit leicht kreisenden Bewegungen, und verwischen Sie die Farbschichten vorsichtig.

Frosch

Mit diesem Froschmotiv entführe ich Sie ins Tierreich. Hier geht es ganz besonders um glatte, glänzende Oberflächen.

> **Sie lernen:**
> ◆ wie man ein Bild von der Grundierung bis zum plastischen Gestalten schichtweise aufbaut.
> ◆ wie ein unscharfer Hintergrund gemalt wird.

> **Sie brauchen folgendes Material:**
> ◆ Tonpapier in Grau
> ◆ Pastellkreiden in Weiß, Neapelgelb, Mittelgelb, Grün St. Michel, Dunkelgrün, Granatrot, Siena natur, Braungrau und Schwarz

Legen Sie das Blatt im Hochformat vor sich hin und beginnen mit der Vorzeichnung. Sie kennen das jetzt schon: Der Frosch wird auf seine einfachste geometrische Form reduziert. Zeichnen Sie ihn dann innerhalb dieser Hilfslinien, so wie Sie es auf den Bildbeispielen sehen.

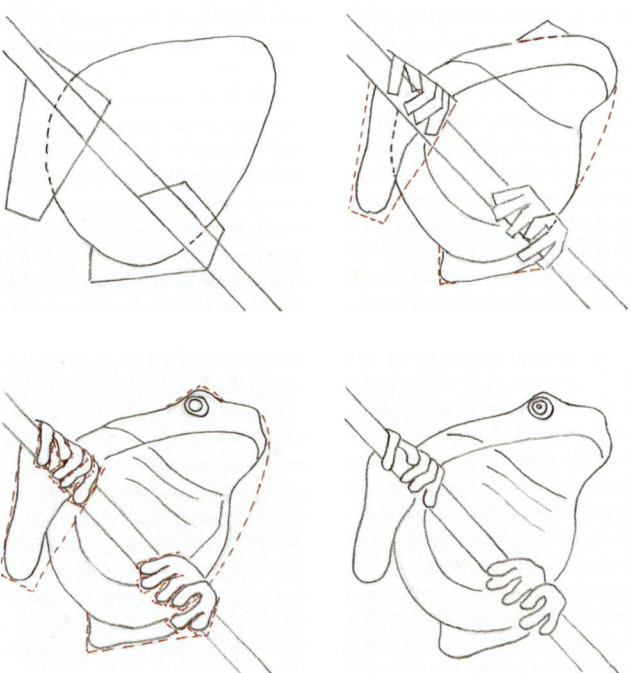

> **WICHTIG:** Ich zeige Ihnen die Vorzeichnung wieder auf weißem Papier. Sie nehmen aber sofort das graue Tonpapier und weiße Pastellkreide.

Radieren Sie die Hilfslinien weg – und die Vorzeichnung ist fertig!

Wir beginnen mit der Untermalung in Dunkelgrün und Siena natur. Tragen Sie Farben flächig auf, und verwischen Sie sie nicht.

Hellen Sie nun das Dunkelgrün des Frosches mit Grün St. Michel auf und verwischen die Farbpigmente vorsichtig mit dem Finger. So mischen sich die Farben.
Die Schatten am Bauch des Frosches malen Sie mit Braungrau und verwischen wiederum die Farbpigmente. Für das Auge nehmen Sie Schwarz und Weiß, und der Hintergrund wird flächig mit Dunkelgrün gemalt und verwischt.

Die Pflanzen im Hintergrund werden aus dem dunkelgrünen Farbauftrag heraus gemalt. Beginnen Sie mit den dunklen Zwischenräumen: Sie entstehen, wenn man in den Bildteilen, die dunkler werden sollen, mit Schwarz und Granatrot über das Grün malt. Verwischen Sie diesen Farbauftrag besonders dort, wo dunkelgrüne Farbflächen an schwarzrote Farbflächen stoßen. So entsteht Unschärfe.

Frosch

Arbeiten Sie etwas Licht in die nun entstandenen Pflanzen mit Grün St. Michel. Mit Neapelgelb malen Sie das Licht in die Füße und in den Bauch des Frosches. Arbeiten Sie mit kurzen Strichen, und verwischen Sie diesen Farbauftrag nicht.

Das Grün des Frosches wird nun noch einmal mit Mittelgelb überarbeitet, bevor Sie mit Weiß die hellsten Lichter setzen.

Die Füße übermalen Sie mit Neapelgelb und Weiß. Die Punkte am Bauch des Frosches entstehen mit Neapelgelb. Hier dürfen die Farben nicht verwischt werden!

Im unteren Teil des Frosches verstärken Sie die Schatten mit Schwarz. Jetzt dürfen Sie wieder verwischen!
Im letzten Arbeitsschritt arbeiten Sie die Details heraus. Einige Bildausschnitte sollen Ihnen dabei helfen:

Mit Schwarz und Neapelgelb malen Sie die feinen Linien innerhalb des Auges.

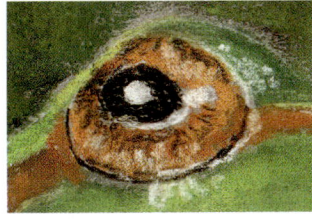

59

Seerosenteich

Nun kommen wir zu unserem letzten Bild.

> **Sie lernen:**
> ◆ wie durch Verkleinerung und Unschärfe perspektivische Tiefe in einem Bild entsteht.
> ◆ welchen Einfluss die Papierfarbe auf eine Komposition haben kann.

> **Sie brauchen folgendes Material:**
> ◆ Tonpapier in Dunkelgrün
> ◆ Pastellkreiden in Weiß, Goldgelb, Hellgrau, Blaugrau, Hellgrün, Dunkelgrün, Siena gebrannt und Schwarz

Das Blatt liegt im Hochformat auf dem Tisch. Beginnen Sie mit der waagerechten Linie für den Horizont. Anschließend setzen Sie die Begrenzungslinie für das Schilf darüber und deuten zum Schluss die Büsche an. Die einfachste Form für die kleinen Seerosen im Hintergrund ist der Halbkreis, für die Großen im Vordergrund

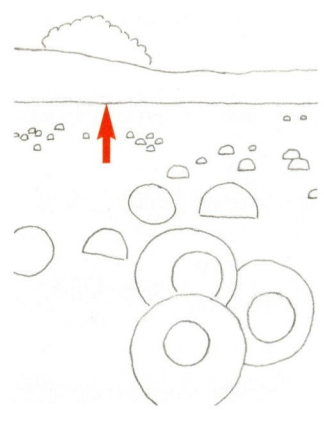

> **WICHTIG:** Ich zeige Ihnen die Entwicklung der Vorzeichnung auf weißem Papier. Sie nehmen jedoch sofort das dunkelgrüne Tonpapier und weiße Pastellkreide.

der Kreis. Die Hilfslinien des ersten Schrittes sind nun rot gestrichelt. Sehen Sie genau hin, und zeichnen Sie die Details. Im zweiten Bild sehen Sie die Vorzeichnung noch einmal auf dem dunklen Tonpapier mit weißer Kreide.

Der Himmel und Teile des Wassers werden mit Blaugrau und Weiß getönt. Arbeiten Sie flächig mit waagerechten Kreidestrichen.

Für den Baum und das Schilf nehmen Sie zuerst Schwarz, das Sie anschließend mit Dunkelgrün übertönen. Im oberen Bereich des mit langen, senkrechten Strichen gemalten Schilfs wird zusätzlich Goldgelb verwendet.

Um die Seerosen herum wird das Wasser mit Hellgrün gefärbt; um die großen Blüten im Vordergrund malen Sie mit Dunkelgrün.

Zunächst mischen Sie die Farben des Himmels durch Verwischen mit den Fingern – auch das blaugraue Wasser im Hintergrund wird verwischt. Das Hellgrün der Seerosenblätter im Hintergrund übermalen Sie teilweise mit Dunkelgrün; die Ränder betonen Sie mit Goldgelb und Weiß. Weiß nehmen Sie auch für die Blüten. Je weiter sie in den

Seerosenteich

Vordergrund rücken, desto genauer müssen die einzelnen Blätter gemalt werden. Im Hintergrund genügen kurze Striche, die die Blütenform andeuten. Das Innere der Blüten wird mit Goldgelb gefärbt.

Nun geht es um die Ausarbeitung der Details. Der Baum im Hintergrund erhält mit Goldgelb, die Spitzen des Schilfs mit Weiß Licht.
Die Blütenblätter der Seerosen werden mit Hellgrau (Schatten) und Siena gebrannt (rosafarbene Tönung) überarbeitet. Vermischen Sie die Farbflächen durch vorsichtiges Verwischen.

61

Das Malen mit Pastellkreide

Wenn Sie sich nun das fertige Bild ansehen, achten Sie auf die dunklen Flächen zwischen den grünen Seerosenblättern. Hier ist immer noch die Originalfarbe des dunkelgrünen Tonpapiers sichtbar. Diese finden Sie auch im Hintergrund zwischen dem blaugrauen Farbauftrag für das Wasser.

Nachwort

Nun haben Sie dieses Buch durchgearbeitet und viele verschiedene Maltechniken kennengelernt. Ich hoffe, dass ich Ihnen die Grundlagen des Malens vermitteln konnte und dass Sie dabei viel Freude beim Nacharbeiten der Motivvorschläge hatten. Alles Weitere liegt nun bei Ihnen: Wenden Sie das Gelernte an, lassen Sie sich von Ihrer Umgebung zu neuen Motiven inspirieren und experimentieren Sie! Dabei können Sie in allen vorgestellen Techniken arbeiten, sie kombinieren oder sich ganz auf diejenige Maltechnik konzentrieren, die Ihnen am meisten entspricht.

Und sollte Ihnen einmal etwas nicht so gut gelingen, lassen Sie sich nicht entmutigen, und üben Sie weiter! Denn nur so werden Ihnen die verschiedenen Maltechniken wie selbstverständlich von der Hand gehen, sodass Sie sich ganz der Gestaltung Ihres Motives widmen können.

Nun wünsche ich Ihnen viel Erfolg und Spaß auf Ihrem weiteren malerischen Weg.

Ihre Ute Ludwigsen-Kaiser

ISBN 3-8241-1162-4
Broschur, 64 Seiten

ISBN 3-8241-1203-5
Broschur, 64 Seiten

ISBN 3-8241-1231-0
Broschur, 64 Seiten

ISBN 3-8241-1125-X
Broschur, 64 Seiten

ISBN 3-8241-1146-2
Broschur, 64 Seiten

ISBN 3-8241-1230-2
Broschur, 64 Seiten

Lust auf Mehr?

Liebe Leserin, lieber Leser,
natürlich haben wir noch viele andere Bücher im Programm.
Gerne senden wir Ihnen unser Gesamtverzeichnis zu.
Auch auf Ihre Anregungen und Vorschläge sind wir gespannt.
Rufen Sie uns einfach an oder schreiben Sie uns.

Englisch Verlag GmbH
Postfach 2309 · 65013 Wiesbaden
Telefon 06 11/9 42 72-0 · Telefax 06 11/9 42 72 30
E-Mail info@englisch-verlag.de
Internet http://www.englisch-verlag.de